LA

PHILOSOPHIE DE L'INCONSCIENT

LA
PHILOSOPHIE DE L'INCONSCIENT

PAR

Th. DESDOUITS

PROFESSEUR DE PHILOSOPHIE AU LYCÉE DE VERSAILLES

———

OUVRAGE COURONNÉ PAR L'ACADÉMIE DES SCIENCES MORALES
ET POLITIQUES

———

PARIS

A. ROGER ET F. CHERNOVIZ, ÉDITEURS

7, RUE DES GRANDS-AUGUSTINS, 7

———

1892

AVANT-PROPOS

Deux tendances exclusives se sont manifestées dans la philosophie moderne ; l'une consiste à exagérer le rôle de la conscience, l'autre, à en diminuer la valeur. Descartes, et plus tard les Ecossais, ont fondé toute la psychologie sur le témoignage de la conscience ; et, comme l'âme n'a pas conscience de son activité vitale, Descartes, rompant avec la tradition du péripatétisme chrétien, se refuse à reconnaître dans l'âme le principe de la vie, la *forme* du corps ; donc, tout s'explique dans la vie par une action mécanique. De là à la doctrine de l'*automatisme des bêtes*, il n'y a pas loin ; et si l'instinct, si l'habitude, chez l'animal, s'expliquent par des lois mécaniques, pourquoi supposeraient-ils chez l'homme l'intervention de l'âme ? En un mot, les Cartésiens abandonnent à la physiologie, ou plutôt à la physique, tout le domaine des faits inconscients. En délimitant ainsi l'empire de l'âme, ils l'amoindrissent ; en posant les bornes de la psychologie là où sont celles de la conscience, ils font comme les anciens qui plaçaient les limites du monde aux limites de leurs connaissances géographiques, et abandonnaient à l'Océan les régions inexplorées. Mais du moins, s'ils ont trop restreint l'objet de la psychologie, Descartes et ses disciples ont donné à cette science les bases les plus solides, en assurant contre toutes les objections la certitude de la conscience, la simplicité du *moi* et le libre arbitre. Si ces trois grandes vérités ne sont pas toute la psychologie, elles en constituent la partie la plus importante, non seulement au point de vue pratique, mais encore au point de vue spéculatif : en effet, si l'on met en doute la certitude du sens intime et des faits qu'il atteste, quel moyen d'éviter le pyrrhonisme absolu ? Et le pyrrhonisme n'est-il pas la négation de la science ?

La tendance opposée à celle de Descartes se trouve dans toutes les écoles déterministes. Comme la conscience affirme le libre arbitre, il faut à tout prix obscurcir son témoignage, en récuser la valeur, et le taxer d'illusion. Spinoza n'hésite pas. Si nous avons conscience d'être libres, c'est que nous sommes déterminés par des motifs dont nous n'avons pas conscience ; et nous prenons pour liberté l'ignorance de ces motifs. Leibnitz lui-même, malgré le désir de sauver la liberté, tend singulièrement vers le déterminisme, et allègue plus d'une fois l'influence des *motifs inconscients*, non seulement pour *incliner*, mais pour *entraîner* la volonté. Kant, qui ne reconnaît la liberté que dans le monde des *noumènes*, traite d'illusion la conscience phénoménale. Mais c'est de nos jours que la conscience a été réduite à un *minimun* de valeur, qui semble un défi jeté au sens commun ; d'une part, dans l'école matérialiste, on en fait un phénomène cérébral, et encore un phénomène absolument secondaire, un phénomène parasite (un *épiphénomène*, comme dit Maudsley) ; d'autre part, le monisme de Schopenhauer et de Hartmann ne considère la conscience que comme un *accident* de la pensée, et encore un accident malheureux, dont le Principe Universel des choses, l'Intelligence Infinie, est exempte par sa perfection même.

Toutefois, si l'on trouve en même temps dans l'école matérialiste et dans l'école du monisme allemand cette tendance à restreindre l'empire de la conscience dans les plus étroites limites, il y a une profonde différence entre ces deux formes du déterminisme. Si le matérialisme diminue le rôle de la conscience et s'efforce de la réduire peu à peu à l'état de quantité négligeable, c'est afin d'expliquer tout dans l'homme et dans le monde par les seules lois d'un mécanisme aveugle ; c'est pour bannir l'*esprit* qu'il fait le procès à la conscience. Tout au contraire, la philosophie moniste de l'Inconscient revendique hautement les droits de l'esprit et proclame l'impossibilité d'expliquer la pensée, l'instinct, la vie, la nature elle-même par un pur mécanisme : tout est finalité, tout est prévu, ordonné avec une sagesse infinie ; cette sagesse est Intelligence ; elle est *Esprit*. Seulement, l'essence de l'activité spirituelle, d'après Hartmann, c'est d'agir sans conscience. La philosophie de l'Inconscient est donc une doctrine idéaliste, beaucoup plus idéaliste encore que le spiritualisme cartésien (car Descartes admet l'existence de la matière, Hartmann la réduit à une manifestation phénoménale de l'esprit inconscient) ; et c'est pour exalter l'esprit que le penseur Allemand rabaisse la conscience. D'après Descartes, l'esprit et la conscience sont une seule et même chose ; pour Hartmann, non seulement l'esprit existe sans la conscience, mais il vaut d'autant plus qu'il est plus complètement affranchi de la conscience.

Entre ces deux doctrines extrèmes, — dont l'une nie absolument les phénomènes psychologiques inconscients, tandis que l'autre, par un excès bien autrement grave, attribue à l'Inconscient la direction suprême de l'âme humaine ainsi que l'empire de l'univers, — il y a place pour les doctrines moyennes qui, tout en laissant à la conscience le rôle le plus important, ont fait une part plus ou moins large à l'activité inconsciente. Quelle doit être cette part ? N'y a-t-il dans l'âme que des *puissances inconscientes* ? Faut-il aussi lui accorder des *actes inconscients* ? S'il y a des actes inconscients, ces actes ne sont-ils que des impulsions motrices, telles que l'instinct, l'habitude ? Ou bien doit-on aller jusqu'à reconnaître des *sentiments*, des *sensations* ou même des faits *intellectuels* inconscients ? Tels sont les problèmes qui se sont imposés à la psychologie moderne depuis que, par une réaction nécessaire contre la doctrine incomplète de Descartes sur la nature de l'âme, Leibnitz a attiré l'attention des penseurs sur les *virtualités latentes* et les *phénomènes inconscients* de l'esprit humain.

PREMIÈRE PARTIE

INTRODUCTION HISTORIQUE

I. — Antécédents de la philosophie de l'inconscient jusqu'à Leibnitz.

II. — Exposition et discussion de la doctrine de Leibnitz sur l'inconscience des phénomènes psychologiques.

III. — L'inconscient chez les métaphysiciens de l'Allemagne : Fichte, Schelling, Hegel, Schopenhauer.

IV. — L'inconscient chez les psychologues : Herbart, Hamilton. Réfutation de Hamilton par Stuart Mill, Maudsley, Wundt.

V. — Hartmann. Sa psychologie, sa méthaphysique. Critique du système.

I

LA PHILOSOPHIE DE L'INCONSCIENT JUSQU'A LEIBNITZ.

Si Leibnitz est le premier qui ait insisté sur les phénomènes psychologiques inconscients, et qui se soit efforcé d'en montrer l'importance, il ne faudrait pas croire cependant que ces faits aient toujours été méconnus avant lui. La théorie de la *réminiscence*, chez Platon, implique une certaine participation *inconsciente* de l'âme humaine à la vérité divine. L'âme a vu les *Idées* dans une vie antérieure ; elle les a oubliées en tombant dans la prison du corps ; ou plutôt elle en a conservé un souvenir vague et confus ; car elle les reconnaît en présence de la Beauté : elle les devine, les applique spontanément, dès qu'elle pense à la Vérité. L'inspiration poétique est une réminiscence de ce qu'elle voyait aux heures de ravissement où, à la suite des dieux, « elle con-» templait les essences »[1]. Ce n'est pas seulement dans l'âme du poète et de l'artiste, c'est dans l'âme du jeune esclave interrogé par Socrate[2], que s'éveille, à l'appel de la réflexion, le souvenir latent des éternelles vérités. Toutefois, si, d'a-

1. V. le *Phèdre*, ch. 29, 30.
2. V. le *Ménon*.

près Platon, la vérité réside en nous, même avant que nous en prenions une conscience distincte, ce n'est qu'à l'état de simple *virtualité* ; elle n'est pas encore pour nous l'objet d'une pensée *en acte*. Non seulement il n'y a pas d'acte intellectuel sans conscience, mais il n'y a pas même de sensation inconsciente ; lorsque les impressions faites sur nos organes ne se manifestent pas à nous par la conscience d'une modification sensible, c'est, nous dit Platon, que « ces » impressions n'ont pas pénétré jusqu'à l'âme et se sont » *éteintes* dans le corps ; celles-là seules sont communes à » l'âme et au corps qui produisent sur l'un et sur l'autre le » sentiment d'une secousse[1] ».

Pour Aristote comme pour Platon, l'acte intellectuel est inséparable de la conscience, et peut-être même lui est identique. La pensée consiste à penser la pensée. Mais la pensée n'est pas le seul acte de l'âme. L'âme est l'ἐντελέχεια du corps, c'est-à-dire que, par son activité, elle achève, elle fait passer à *l'acte* un corps qui, par sa structure organique, possède *la vie en puissance*. Or l'âme n'a aucune conscience de cette énergie vivifiante, qu'elle exerce pourtant à chaque instant. Ainsi, d'après Aristote, si les limites de la conscience sont les limites de la pensée, elles ne sont pas les limites de l'activité psychique. On peut se demander, il est vrai, si cette âme, ψυχή, qui fait vivre le corps, qui en est la forme, est ou non la même âme que le νοῦς, l'*âme pensante* et *raisonnable*. Quoi qu'il en soit, Aristote reconnaît l'existence d'une activité inconsciente, distincte de l'organisme, comme la forme est distincte de la matière, et directrice de l'organisme. Mais c'est là le seul rôle de l'Inconscient dans la psychologie péripatéticienne.

Avec le mysticisme alexandrin, nous voyons apparaître l'affirmation des actes intellectuels inconscients. « Autre » chose est la pensée », dit Plotin, « autre chose la perception » de la pensée. Nous pensons toujours, mais nous ne pensons » pas toujours notre pensée[2] ». Ce n'est donc plus seulement

1. *Philèbe*, ch. 19.
2. Plotin, *Ennéades*, IV, 1. 3, ch. 30.

l'activité psychique en général, ni la pensée en puissance, c'est l'acte même de l'intelligence qui est séparable d'avec la conscience. Il y a plus : la conscience, dans le système panthéiste des néo-platoniciens, n'est pas même la forme supérieure de la pensée, puisque le plus noble effort de l'esprit humain est d'oublier, dans l'*extase*, toute conscience personnelle, et de se perdre dans l'*unification* avec le principe intelligible [1]. La plus haute science est donc inconsciente. Dans ce mépris pour la conscience, considérée comme principe d'individuation, de séparation entre l'âme et Dieu, ne trouvons-nous pas un sentiment analogue à celui qui anime Hartmann dans *la métaphysique de l'inconscient*?

Toute contraire est la tendance de la philosophie chrétienne. Elle attache la plus grande valeur à la *personnalité humaine*. Sans doute, le bien suprême de l'âme est l'union avec Dieu ; mais cette union suppose avant tout la distinction de nature entre le Créateur et sa créature. L'étude de la conscience devait donc être le point de départ de la philosophie, chez les Pères de l'Église. S. Augustin, comme fera plus tard Descartes, cherche dans la connaissance du *moi* le principe de toute certitude. « L'esprit ne connaît » rien aussi bien que ce qui lui est présent, et rien ne lui » est plus présent que lui-même [2]». Ce ne sont pas seulement les phénomènes psychologiques que l'âme connaît ; elle atteint, elle aperçoit sa personne, sa propre substance [3]. Mais, par cela même que S. Augustin a bien vu la nature de la conscience, il en a vu aussi les limites, et plus d'une fois s'est arrêté comme saisi d'admiration devant les mystères impénétrables de la psychologie. Tantôt il se demande

1. On trouve des idées analogues dans les doctrines panthéistes de l'Inde. Hartmann (1er vol. p. 35) cite un texte des *Pancadasaprakarana*, où il est dit que Brahma est le savoir absolu, mais qu'il n'est susceptible ni de se connaître ni d'être connu. On trouve également dans la philosophie *Sankya* une théorie de la finalité inconsciente, dont Hartmann a pu s'inspirer (V. un *mémoire* de M. Barthélemy-S.-Hilaire, *Acad. des sc. morales*, t. 8).

2. *De Trinitate*, X, 14.

3. « Cum se mens novit, suam substantiam novit, et cum de se certa est, de substantia sua certa est » (S. Augustin... *Ibid.*, liv. X, ch. 7).

avec perplexité comment l'âme, principe indivisible, iné-
tendu, peut animer un organisme et mouvoir, même après
leur division, les fragments d'un animal coupé en plusieurs
tronçons [1]. Tantôt, dans le domaine même de l'intelligence, il
découvre un nombre incalculable d'opérations qui ne sauraient apparaître en même temps au grand jour de la conscience.

« Par un prodige qu'on ne saurait trop admirer, mon
» âme, tout incorporelle qu'elle est, renferme en elle les
» images des choses corporelles. Elles y sont en foule,
» dans les vastes champs, dans les palais immenses de la
» mémoire [2] », « les unes telles que je les ai reçues des sens,
» les autres agrandies, diminuées, transformées de mille
» manières par le travail intérieur de mon esprit. Quand je
» les appelle, les unes arrivent tout de suite, les autres se
» font attendre longtemps, comme si elles sortaient des
» profondeurs de quelque cachette. Il en est qui accourent
» par bandes quand j'en appelle d'autres... Je les écarte,
» jusqu'à ce que celles dont j'ai besoin sortent de leurs té-
» nèbres et apparaissent à ma vue [3] ». De plus, ces images
ne se présentent pas au hasard, sans ordre, mais classées,
« *distribuées par catégories distinctes*, selon les objets aux-
» quels elles correspondent et selon les sens par lesquels
» elles sont entrées [4] ». Enfin les idées *demeurent dans ma
mémoire*, même quand j'ai cessé d'y penser avec attention.
Or ce n'est pas seulement le pouvoir de les concevoir de
nouveau qui subsiste en moi ; ce sont les *idées elles-mêmes* ;
en effet, quand elles reviennent à mon commandement, je
les reconnais encore ; or « si elles avaient été complètement
» effacées de notre esprit, nous ne pourrions pas les recon-
» naître, même quand on vient nous les remettre en mé-
» moire. Nous n'avons pas complètement perdu un souvenir
» quand nous nous souvenons de l'avoir perdu. Et d'ail-

---

1. V. *De quantitate animæ*.
2. *Confessions*, l. X, ch. 8.
3. *Ibid*.
4. ... « Distincte generatimque servata, quæ suo quæque aditu ingesta
sunt (*Ibid.*).

» leurs, comment pourrions-nous chercher cette idée per-
» due, si nous l'avions complètement oubliée[1]. »

Nos idées demeurent donc dans notre mémoire *à l'état
latent*. Mais S. Augustin veut-il dire par là qu'elles soient
absolument *inconscientes*, ou seulement que nous en avons
une conscience vague, obscure ? Cette dernière interprétation est plus naturelle. Qu'est-ce, en effet, qu'une idée absolument inconsciente ? L'existence de telles idées est admise, nous l'avons vu, par Plotin et par les philosophes de
l'Inde ; on ne peut hésiter à leur attribuer cette doctrine,
puisqu'ils l'expriment en toutes lettres et avec une netteté
qui rend le doute impossible. Mais est-elle exprimée aussi
formellement dans S. Augustin ? Il ne semble pas qu'il en
soit ainsi.

Toutefois, si S. Augustin n'admet pas que les phénomènes intellectuels soient totalement inconscients, il reconnaît
que l'âme a une conscience très incomplète, quoique très
certaine, de son *essence* et de ses *pouvoirs*. « Le pouvoir
» de ma mémoire est immense... ; ce pouvoir appartient à
» ma nature, et je ne saisis pas moi-même dans sa totalité
» ce que je possède et ce que je suis. » « Mon âme ne peut
» embrasser toute son *extension* ni toute son *essence*[2]. »
Ainsi la nature, les facultés de l'âme dépassent notre conscience. En méditant sur ces profondeurs mystérieuses de
l'esprit, S. Augustin a préparé la voie aux recherches des
modernes sur la psychologie de l'Inconscient. Son influence
a dû être grande, surtout, sur la pensée de Leibnitz, admi-
rateur si sincère du génie et des œuvres de l'évêque d'Hip-
pone.

II

DOCTRINE DE LEIBNITZ

Depuis S. Augustin jusqu'à Leibnitz, le problème de l'inconscient a été négligé par tous les philosophes. Les scolasti-

1. *Ibid.*, ch. 19.
2. « Animus ad habendum seipsum angustus est, ut *ubi sit, quid sit*
non capiat » (*Ibid.*, 8).

ques s'en tiennent à la doctrine d'Aristote, qui peut se résumer dans cet axiome : *non sentimus nisi sentiamus nos sentire ; non intelligimus, nisi intelligamus nos intelligere.* Ce serait donc une contradiction de séparer la conscience de la pensée ou même de la sensation[1]. Telle est également la doctrine de Descartes. La conscience est l'élément essentiel qui entre dans la définition de la pensée. « Par le nom » de pensée, je comprends, dit-il, tout ce qui se fait en nous » de telle sorte que nous l'apercevons immédiatement par » nous-mêmes[2]. » Leibnitz, au contraire, donne une définition de la pensée qui a infiniment plus d'extension, et par conséquent beaucoup moins de compréhension : *la perception est une représentation du multiple dans le simple* ; c'est « l'état » intérieur de la monade représentant les choses externes[3] ». De cette différence sur la définition de la pensée découle toute la différence entre les théories psychologiques de Descartes et de Leibnitz. Il est donc nécessaire d'insister sur la définition de celui-ci.

Pour Leibnitz la pensée n'est, en dernière analyse, que la *représentation* du *multiple* dans le *simple*, de la *diversité* dans *l'unité*, du *phénomène variable* dans la *substance identique.* Qu'est-ce qu'entend Leibnitz par ce mot *représentation* ? S'agit-il, au sens restreint du mot, d'une image semblable à celles qui se peignent dans notre mémoire ? ou bien d'une idée générale comprenant les caractères essentiels des choses, et en résumant, pour ainsi dire, les traits principaux ? Mais, si par ce mot de *représentation*, Leibnitz n'entendait que ces opérations supérieures, comment s'expliquerait-on qu'il accorde des perceptions à toutes les monades, et que chaque monade *représente* en elle-même la totalité des états du monde [4]. Il faut chercher l'explication de

---

1. Il va sans dire, toutefois, que si la conscience est, pour les scolastiques, inséparable de la pensée, elle n'est pas pour cela attachée à l'activité de l'âme en tant qu'elle est la forme du corps.

2. Descartes, *Principes*, première partie, ch. 9. Voir aussi, *Lettres à Arnault*, édit. Cousin, 10ᵉ vol., p. 160.

3. Leibnitz, II, *Principes de la nature et la grâce* (parag. 4).

4. Leibnitz, *Monadologie*, passim.

la pensée de Leibnitz dans la théorie de l'*harmonie préétablie* et du *microcosme*.

On sait que, d'après Leibnitz, à chaque modification d'une
monade quelconque correspond une modification analogue
dans chacune des autres. Nous disons *analogue*, et non pas
semblable ; car les monades diffèrent par leur nature les
unes des autres (*principe des indiscernables*) ; chacune ne
suivra, n'imitera les modifications des autres que selon la
loi de sa propre nature. Ainsi, quand je me blesse, les monades qui constituent l'organisme éprouvent une modification contraire à leur état normal, à leurs tendances instinc-
tives ; aussitôt mon âme éprouve une *douleur*, c'est-à-dire
une modification qui est contraire à ses propres tendances,
et qui, par conséquent, est, par rapport à la nature de l'âme,
ce que la lésion est aux monades de l'organisme. De même
que chaque état de l'âme correspond à chaque état du corps
et traduit, pour ainsi dire, les états du corps dans le langage de l'âme, de même tous les mouvements qui se font
dans une partie de l'univers ont leur contre-coup dans toutes
les autres parties. Donc chaque partie *représente* les autres,
c'est-à-dire en suit les variations, comme le mouvement de
l'ombre suit les variations de l'objet. Le mot de *représentation* désigne donc *une correspondance d'états analogues* ;
ainsi, chaque être, chaque corps, chacune des monades ag-
glomérées qui constituent les corps, chacune des monades
indépendantes, qui sont les âmes, *expriment*, par la série
de leurs états successifs, les états successifs du monde. Si
chaque monade est un *microcosme*, un monde en raccourci,
où tous les changements de l'univers viennent s'inscrire
comme dans un appareil enregistreur, on peut dire que chaque monade représente l'univers.

Or, chaque monade est simple, l'univers est multiple et
infiniment multiple ; la monade est permanente ; l'univers
m'apparaît sous forme de phénomènes variables. Donc la
monade possède « la représentation du multiple dans l'u-
nité » ; ainsi toute monade a des *perceptions*, et toutes
les modifications des monades sont des perceptions. De plus,
nous savons que, d'après Leibnitz, toute perception est

une *pensée*, ou tout au moins est de même nature que la pensée : les perceptions inconscientes ne diffèrent des *aperceptions* claires que par leur degré, et non par leur nature [1] ; et par conséquent, puisque toute monade est douée de perception, toute monade est douée de pensée. La pensée est l'acte universel des choses ; il ne faut plus distinguer entre les êtres qui pensent et ceux qui ne pensent pas, mais entre ceux qui ont de simples perceptions inconscientes et ceux qui ont des perceptions accompagnées de conscience, de réflexion. L'homme possède à la fois ces perceptions inconscientes et ces aperceptions réfléchies. Il y a en lui des faits psychologiques dont il a une claire intuition ; il y en a d'autres, au contraire, qu'il connaît seulement par le résultat et dont il ne devine la nature que par induction.

Les faits que Leibnitz explique par l'activité inconsciente sont de deux sortes : 1° les états permanents ou virtualités : — 2° les phénomènes (perceptions, souvenirs, déterminations volontaires).

La théorie des *virtualités* a chez Leibnitz une importance capitale. C'est par cette doctrine qu'il explique l'innéité des principes de la raison. Ces principes sont en nous par une espèce d'instinct : « Quand même ils ne seraient pas connus,
» ils ne laisseraient pas d'être innés, parce qu'on les recon-
» naît dès qu'on les a entendus. Mais, dans le fond, tout le
» monde les connaît, et on se sert à tout moment du principe
» de contradiction (par exemple), sans le regarder distinc-
» tement. Et c'est à peu près comme on a virtuellement dans
» l'esprit les propositions supprimées dans les enthymèmes [2].
» On peut dire que toute l'arithmétique et toute la géomé-
» trie sont innées et sont en nous d'une manière virtuelle,

1. Nous avons de petites perceptoins dont nous ne nous apercevons pas toujours dans notre état présent. Il est vrai que nous pourrions bien nous en apercevoir, si nous n'en étions pas détournés par leur multitude, « ou si elles n'étaient pas effacées ou plutôt *obscurcies* par de plus grandes » (*Nouv. Essais*, l. II, ch. 9). — Ainsi ce n'est pas par leur nature, mais par leur intensité, que les petites perceptions diffèrent des aperceptions conscientes.

2. *Nouveaux Essais*, l. I, ch. 1er, § 4.

» en sorte qu'on peut les y trouver en considérant attenti-
» vement et en rangeant ce qu'on a déjà dans l'esprit [1]. »

Cette connaissance virtuelle que l'esprit a des premiers principes « n'est pas une faculté nue qui consiste dans la
» simple possibilité de les entendre ; c'est une disposition,
» une aptitude, une préformation qui détermine notre âme
» et qui fait qu'elles en peuvent être tirées, tout comme il
» y a de la différence entre les figures qu'on donne à la pierre
» ou au marbre indifféremment, et entre celles que ses vei-
» nes marquent déjà ou sont disposées à marquer si l'ouvrier
» en profite [2]. »

Ainsi les idées de la raison font partie de notre nature ; nous naissons avec une prédisposition à les appliquer dans tous nos jugements, et cette prédisposition n'a pas besoin d'être aperçue de nous pour être en nous [3]. En un mot, les principes de la raison ne sont pas le contenu, la matière de l'intelligence ; ils sont l'intelligence elle-même (la *forme*, dira Kant), les lois de l'intelligence. Il n'y a d'inné en nous que ces *lois* ; et comme l'esprit ne peut agir autrement que d'après ces lois, comme ces lois ne cessent pas de régler sa pensée, même quand il ne songe pas à leur nécessité, à leur universalité, on peut dire qu'il les applique sans y penser, qu'il les applique *inconsciemment*. Je les sous-entends dans mes jugements, et je ne me rends même pas bien compte que je les sous-entends. Ces principes sont à l'intelligence ce que l'instinct est à la vie : on pourrait les appeler des *instincts intellectuels* [4]. Comme l'instinct, ils appartiennent au domaine de l'inconscient.

Si l'âme peut être inconsciente de ses pouvoirs, en tant que *pouvoirs purs*, et en dehors de leur application à tel ou tel acte spécial, faut-il en conclure que ce passage du pouvoir à l'acte puisse se faire sans que la conscience vienne

1. *Ibid.*, § 5.
2. *Ibid.*, § 11, p. 47, édit. Janet.
3. *Ibid.*, p. 43, 44, édit. Janet.
4. « Les lois éternelles de Dieu sont gravées en partie dans l'âme... par une espèce d'instinct ». (*Nouveaux Essais*, l. I, ch. 1er, § 4, page 40, édit. Janet).

à s'éveiller ? C'est là une question toute différente de la première : Leibnitz la résout de même ; il admet, on l'a vu, les perceptions inconscientes ou accompagnées d'une conscience infinitésimale.

Tout d'abord il pense que l'âme a une perception des fonctions organiques (évidemment sans aucune conscience appréciable). On ne peut pas dire, sans doute, au sens rigoureux du mot, que Leibnitz soit animiste ; car, si la corrélation du corps et de l'âme n'a lieu qu'en vertu de l'harmonie préétablie, l'âme n'a sur le corps qu'une action apparente ; mais, du moins, tout se passe dans l'homme, dans l'animal, comme si l'âme était le principe vital du corps (ἐντελέχεια σώματος ὀργανικού) ; aussi Leibnitz emprunte à Aristote ce terme d'*entéléchie* ; c'est par ce mot qu'il désigne l'action apparente de l'âme sur le corps, et en général de toutes les monades centrales sur les forces groupées autour d'elles [1]. Si n'importe quelle monade perçoit en une certaine manière toutes les autres, la monade centrale perçoit bien plus complètement celles qui lui sont unies et qui forment avec elle un même système ; c'est ce qui a lieu spécialement pour l'union du corps et de l'âme. « Il y a une exacte cor-
» respondance entre le corps et l'âme…. Je tiens même qu'il
» se passe dans l'âme quelque chose qui répond à la circu-
» lation du sang et à tous les mouvements internes des vis-
» cères, *dont on ne s'aperçoit pourtant point*, tout comme
» ceux qui habitent auprès d'un moulin à eau ne s'aperçoi-
» vent point du bruit qu'il fait [2]. »

Cette comparaison exprime bien la pensée de Leibnitz ; si les modifications qui correspondent dans l'âme aux modifications du corps sont plus ou moins inconscientes, c'est par un effet de l'habitude, qui les a peu à peu dérobées à notre attention. Par elles-mêmes elles sont susceptibles de tomber sous la conscience ; mais l'homme a bien autre chose à faire que de se regarder vivre ; son âme, absorbée par mille pensées diverses, continue presque inconsciemment ses opérations vitales, et n'a d'ailleurs aucun besoin de les bien

1. V. *Monadologie*, passim.
2. *Nouv. Essais*, l. II, ch. 1er, § 15, p. 84.

connaître puisqu'elles s'accomplissent en vertu d'une loi naturelle infaillible.

Une fois admis que nous avons des perceptions *inaperçues* de notre activité vitale, pourquoi n'aurions-nous pas des *sensations inconscientes* causées par les objets extérieurs ? Leibnitz affirme que nous en avons : « Pour juger » encore mieux des petites perceptions (ici le mot *perception* est pris dans son acception ordinaire, et désigne les opérations des sens), « j'ai coutume », dit Leibnitz, « de me ser- » vir de l'exemple du mugissement, ou du bruit de la mer » dont on est frappé quand on est au rivage. Pour entendre » ce bruit, comme on fait, il faut bien qu'on entende les » parties qui composent ce tout, c'est-à-dire le bruit de cha- » que vague, quoique chacun de ces petits bruits ne se fasse » connaître que dans l'assemblage confus de tous les au- » tres ensemble, et qu'il ne se remarquerait pas si la va- » gue qui les fait était seule. Car il faut qu'on soit affecté » un peu par le mouvement de cette vague et qu'on ait » quelque perception de chacun de ces bruits,... autrement » on n'aurait pas celle de cent mille vagues, puisque cent » mille riens ne sauraient faire quelque chose » [1].

Ainsi, pour Leibnitz, la sensation est de sa nature *extensive*, plutôt qu'*intensive* ; elle se compose de parties ; chacune correspond à une partie de l'objet perçu *comme les molécules de deux feuilles de papier, qui se recouvrent, se correspondent mutuellement*. La sensation de mille vagues est la collection de mille sensations, dont chacune est produite par le bruit d'une vague, et par conséquent par mille sensations imperceptibles.

Cette conception de la sensation considérée comme extensive se retrouvera dans un ouvrage latin de Leibnitz (*Animadversiones circa assertiones aliquas theoriæ medicæ veræ Stahlii*). « Si on mêle », dit-il, « deux poudres, une » bleue et l'autre jaune, il en résulte une poudre verte ; » alors l'âme a à la fois la perception du bleu et la percep-

---

1. *Nouv. Essais*, Avant-propos, **p.** 15.

» tion du jaune ; car, si elle ne percevait pas chaque partie
» du tas de poudre, elle ne percevrait pas le tout... Mais ces
» perceptions (du jaune et du bleu), sont confuses et à l'é-
» tat latent, cachées dans la sensation du vert... [1]. » C'est
ainsi que nous percevons dans notre corps une quantité in-
nombrable d'impressions que nous ne sentons pas, soit à
cause de l'habitude, soit à cause de l'exiguité de nos impressions[2].

Ces connaissances dont nous ne nous apercevons pas sont
cependant gardées dans la mémoire ; la réminiscence nous
les représente au besoin, mais non pas toujours. Doit-on
dire que la mémoire les garde, ou seulement qu'elle garde le
pouvoir de les retrouver ? Leibnitz pose la question, et la
résout en disant que ce sont bien les connaissances elles-mêmes, et non de simples puissances, dont la mémoire conserve le dépôt. « Si les idées n'étaient que des formes ou
» des façons de penser, elles cesseraient avec elles ;... mais..
» elles en sont les objets internes, et de cette manière elles
» peuvent subsister ; et je m'étonne que vous puissiez toujours
» vous payer de ces puissances ou facultés nues... Il fau-
» drait expliquer un peu plus distinctement en quoi consiste
» cette faculté et comment elle s'exerce ; et cela ferait con-
» naître qu'il y a des *dispositions* qui sont des restes des
» impressions passées, dans l'âme aussi bien que dans le
» corps, mais dont on ne s'aperçoit que quand la *mémoire*
» *en trouve quelque occasion.* Et si rien ne restait des
» pensées passées alors qu'on n'y pense plus, il ne serait
» point possible d'expliquer comment on en peut garder
» le souvenir [3]. »

Qu'est-ce donc que cette *idée, objet de la pensée,* survivant
à la *forme* de la pensée ? Voici, semble-t-il, l'explication de
cette formule, en apparence contradictoire. La forme, c'est
l'affirmation contenue dans l'acte de la pensée ; cette affirmation est ce qui disparaît avec la conscience. L'objet, c'est-
à-dire le contenu, la matière de la pensée, c'est ce que Leib-

1. *Animadversiones circà assertiones,* etc.
2. *Ibidem.*
3. *Ibid.,* l. II, ch. 10, p. 110.

nitz désigne par les mots de *disposition*, « reste de l'impression passée ». Disposition à quoi ? Évidemment à penser la même chose, à renouveler la même affirmation que précédemment. En quoi donc cette disposition diffère-t-elle de la simple puissance ? Elle en diffère en ce que la simple puissance, la « faculté nue », comme dit Leibnitz, ne saurait passer à l'acte par elle-même, sans l'impulsion d'un moteur extérieur ; au contraire, une disposition passe à l'acte par elle-même dès qu'elle cesse d'être neutralisée par des causes contraires. Par exemple, si j'ai pensé une idée A, elle tend à être toujours pensée dans la suite. Je pense ensuite l'idée B, qui éclipse la première et la refoule ; mais que l'idée B vienne à disparaître, sans être remplacée par d'autres, aussitôt l'idée A, par sa vertu propre, rejaillira, rebondira de la retraite où elle a été refoulée et sera affirmée de nouveau ; ou plutôt, pour parler sans figures, ce n'est pas l'idée A qui tend à reparaître (car les idées ne sont pas des êtres, et n'agissent pas), c'est l'âme qui tend à ressaisir l'idée A, et qui la ressaisira dès que rien ne s'y opposera plus.

Telle nous semble être la théorie de Leibnitz sur la persistance des souvenirs latents. Il nous reste, pour ainsi dire, un fragment de nos souvenirs perdus ; ce fragment n'est, il est vrai, qu'une *disposition* ; mais cela suffit ; car l'esprit, en obéissant à cette disposition, possède un indice certain pour le guider dans ses recherches à la découverte de l'idée perdue. Plus le souvenir sera renouvelé, plus la disposition augmentera et passera en habitude. Il y aura à la fois disposition de l'esprit, et disposition cérébrale ; quand cette disposition est devenue habitude complète, on peut dire, pour emprunter la remarquable métaphore de M. Ribot, qu'il y a *enregistrement organique* dans le cerveau ; il se passe évidemment dans l'âme quelque chose d'analogue, que nous appellerons l'*enregistrement psychologique*, et alors on n'oublie plus, ou rarement.

Tant de pensées, tant de dispositions latentes, doivent exercer sur nos actes une grande influence. Même, d'après Leibnitz, cette influence irait jusqu'à déterminer la volonté.

Les perceptions inaperçues « servent », dit-il, « à former
» ce je ne sais quoi, ces goûts, ces images des qualités des
» sens, claires dans l'assemblage, mais confuses dans les par-
» ties… On peut même dire qu'en conséquence de ces petites
» perceptions le *présent est plein de l'avenir* — σύμπνοια
» παντα, — et que, dans la moindre des substances, des yeux
» aussi perçants que ceux de Dieu pourraient lire toute la
» suite des choses. »

Quæ sint, quæ fuerint, quæ mox ventura trahantur ?

« Ce sont ces petites perceptions qui nous déterminent en
» bien des rencontres, et qui trompent le vulgaire par une
» apparence d'indifférence d'équilibre[1]. »

On voit la grande importance attachée par Leibnitz aux
faits psychologiques inconscients. Cette doctrine est réellement fort originale (car on a vu combien ce problème de
l'inconscient avait été négligé jusque là). Qu'y a-t-il de vrai ?
Qu'y a-t-il de purement hypothétique ? Quelles réserves à
faire ? Mais avant tout, comment découle-t-elle des principes
généraux de la philosophie leibnitzienne ?

Toute la doctrine des pensées inconscientes est, chez
Leibnitz, la conséquence d'un principe purement métaphysique et qu'il pose *a priori*, à savoir *l'identité de l'activité
et de la perception*[2]. Ce principe lui-même se rattache à
la loi de continuité. En effet, s'il y a des modes d'action qui
n'aient aucune ressemblance de nature avec la perception,
avec la pensée, il y a un abîme que rien ne peut combler
entre les formes inférieures et les formes supérieures de l'ê-
tre ; la continuité exige donc que toutes les monades ne diffèrent pas par leur nature, mais seulement par leur degré
de perfection : toutes perçoivent, mais plus ou moins complètement, c'est-à-dire avec plus ou moins de conscience.

---

1. *Nouveaux Essais*, Avant-Propos, p. 16.
2. Sans doute l'activité des monades, d'après Leibnitz, ne se manifeste
pas seulement par leurs perceptions, mais encore par leurs appétitions.
Mais l'appétition n'est qu'une tendance à passer d'une perception à une
autre. C'est donc bien aux perceptions que se ramène toute l'activité des
êtres.

En vertu de cette même loi de continuité, il faut qu'entre les modes d'activité absolument *conscients* et les modes absolument *inconscients*, il y ait une multitude de perceptions plus ou moins conscientes, plus ou moins claires. Les degrés qui forment cette progression décroissante de conscience doivent même être innombrables, tandis que l'inconscient absolu n'est qu'à la limite. Par conséquent, toutes les fois que Leibnitz parle de perceptions inconscientes, il faut entendre qu'elles sont approximativement inconscientes, et non absolument.

Reste à examiner si, même avec cette atténuation, la doctrine de Leibnitz se trouve entièrement confirmée par l'examen des faits psychologiques, et dans quelle mesure elle peut être admise. Tout d'abord, une conclusion qu'il est difficile de contester à Leibnitz, c'est l'existence inconsciente des lois de la raison à l'état *virtuel* : car, en dehors de la doctrine de l'innéité virtuelle et inconsciente (ou *presqu'inconsciente*), il n'y a que trois hypothèses possibles, toutes les trois insoutenables : ou bien l'hypothèse que Locke prête à Descartes, à savoir l'innéité *en acte*, l'innéité consciente des principes de la raison ; ou bien l'hypothèse de Locke (celle de la table rase), ou enfin celle des associationistes. La première est contraire à l'expérience ; la seconde n'explique pas la *nécessité* des lois de la raison ; la troisième ne leur donne qu'une apparence illusoire de nécessité. Seule, l'explication de Leibnitz s'accorde avec les faits ; elle ne soulève même aucune difficulté ; car, s'il est malaisé de concevoir des pensées en acte, sans conscience, on n'a aucune peine à concevoir une virtualité, un pouvoir sans conscience. Il est même de l'essence d'un pouvoir de passer tour à tour de la conscience claire à l'inconscience plus ou moins absolue ; un pouvoir est permanent comme l'être lui-même ; or la conscience, n'étant pas infinie, ne peut à tout moment embrasser tous les attributs de l'âme, toutes ses virtualités ; il faut donc que nos différents pouvoirs passent alternativement du grand jour de la conscience à la nuit de l'inconscient.

Puisque des pensées à l'état virtuel peuvent être dans

l'état d'inconscience, rien n'empêche de suivre Leibnitz dans une hypothèse aussi belle que hardie. Il pourrait se faire, dit-il, que certaines vérités soient gravées dans l'âme, quoique jamais elle ne doive arriver à les connaître pendant son existence terrestre. « Je ne vois là aucune ab-
» surdité, quoique aussi l'on ne puisse assurer qu'il y a réel-
» lement de telles vérités. Car des choses plus relevées que
» celles que nous pouvons connaître dans ce présent cours
» de vie se peuvent développer un jour dans nos âmes,
» quand elles seront dans un autre état [1]. »

Mais, de ce que des pensées à l'état virtuel peuvent exister en nous sans conscience, en faut-il conclure que nous ayons des pensées en acte ou même des sensations séparées de toute conscience [2]? Pour ce qui est des sensations inconscientes, l'affirmation de Leibnitz repose, on l'a vu, sur l'hypothèse du caractère *extensif* de la sensation; et c'est à tout le moins une hypothèse gratuite [3]. Quant aux idées conservées dans la mémoire à l'état latent, ce sont, nous dit Leibnitz, des *dispositions*. Sans doute ces dispositions qui restent dans l'âme, après qu'elle a cessé de penser, sont beaucoup plus qu'une simple puissance de penser la même chose ; il reste une véritable affinité entre le souvenir passé et l'âme ; car l'âme l'a en quelque sorte adoptée en le pensant ; elle l'a fait *sien*, grâce à cette sorte de pénétration du *sujet* par l'*objet* qui constitue l'acte intellectuel. Cette affinité est une force réelle, une force qui entre dans l'essence de l'âme, et qui se manifeste par les actes de l'âme : elle explique donc le retour du souvenir ; elle explique la *reconnaissance*. L'âme, au retour de l'idée qui avait fait sur elle une impression durable, y retrouve quelque chose d'elle-même, puisqu'elle y retrouve le second terme d'un rapport dont elle est elle-même le premier terme. Mais, si importante que soit cette affinité inconsciente de l'âme avec l'idée provisoirement oubliée, cette affinité ne cons-

---

1. *Nouv. Essais*, Introd., p. 45, édit. Janet.
2. Ou du moins *presque* sans conscience ?
3. Nous aurons à examiner plus loin cette hypothèse ; nous verrons que les modernes regardent, au contraire, la sensation comme *intensive*.

titue pas une pensée, au sens propre du mot. De même que l'attraction n'est pas la même chose que la chute des corps, mais seulement une tendance à tomber quand rien ne s'y oppose, de même la disposition qui survit dans l'âme peut être et est souvent neutralisée ; et alors elle ne produit pas de pensée. La véritable pensée c'est ce que Leibnitz appelle la *forme de la pensée*. L'essence de la pensée est dans cette forme (l'affirmation) qui, de l'aveu même de Leibnitz, disparaît avec la conscience. Parlons, si l'on veut, de connaissances inconscientes ou inaperçues ; car le mot *connaissances* se dit à la fois de ce que je pense et de ce que je peux rappeler à ma pensée : la connaissance embrasse à la fois l'action de penser et le pouvoir prochain de penser ; mais ne parlons pas de *pensées inconscientes* ou même de pensées inaperçues ; car la pensée est l'action même d'affirmer ou de nier ; et, pour affirmer, il faut savoir que l'on affirme.

A plus forte raison il ne peut y avoir de volonté inconsciente ni de motifs inconscients, capables de déterminer ma volonté. Or Leibnitz leur donne ce pouvoir ; il fait de ces perceptions inaperçues les agents de nos actes ; il y suppose l'avenir renfermé. Le passage cité plus haut, sur la détermination par les motifs inconscients, montre clairement la méthode *a priori* de la psychologie leibnitzienne. Les petites perceptions, que nous n'avons jamais senties, forment le fond de nous-mêmes, de nos goûts, de nos caractères ; elles déterminent même souvent notre volonté ; ce sont elles qui nous poussent quand nous croyons, avec le vulgaire, agir dans la plénitude du libre arbitre [1] ; et pour qu'il n'y ait aucun doute sur le sens de cette profession de foi déterministe, Leibnitz nous dit que l'ordre du monde est écrit dans ces petites perceptions. Assurément, on peut admettre l'existence de dispositions, de tendances, d'impressions vagues, qui influent sur nous dans une certaine mesure ; mais le pouvoir, en quelque sorte infiniment grand, que Leibnitz accorde à ces infiniment petits est la plus insoutenable de toutes les hypothèses métaphysiques. Sans insister sur la contradiction

---

1. Avant-Propos, p. 16, édit. Janet.

radicale inhérente à l'hypothèse déterministe, qui, confondant la puissance avec l'acte, suppose une action exercée par l'antécédent sur le phénomène conséquent, par le passé sur l'avenir, par le néant sur le possible, la théorie des petites perceptions déterminantes prête à plusieurs difficultés. Si ces perceptions font agir ma volonté sans être aperçues, en quoi ces actes de ma volonté diffèrent-ils des actes instinctifs ? Pourquoi les appeler *volitions* au lieu de les appeler *instincts* ? Qu'y a-t-il de plus dans l'instinct que la détermination par les mobiles inconscients ? Ajoutons que jamais personne n'a pris pour liberté, dans les actes d'instinct, l'ignorance des motifs qui déterminent l'acte. Il est donc impossible d'admettre avec Leibnitz que l'inconscience de mes petites perceptions déterminantes trompe même le vulgaire, et lui fasse croire à un pouvoir libre s'il n'en éprouvait pas la réalité ?

Ces réserves faites en faveur de la liberté et de la croyance du *vulgaire*, il n'y a pas pour cela à nier l'hypothèse de motifs, de sensations et de sentiments obscurs ; mais ils peuvent nous *disposer* sans nous *déterminer* ; et il est nécessaire de réduire leur rôle à ce que l'expérience peut nous en apprendre.

En résumé, il y a chez Leibnitz toute une philosophie de l'Inconscient. Il donne aux faits *inaperçus* une importance parfois exagérée. Cependant la part qu'il leur fait est relativement modeste, quand on songe aux systèmes de métaphysique que l'Allemagne, au xixe siècle, devait voir naître, et qui, mettant l'*inconscient* jusque dans la *pensée infinie*, en font un *principe divin*. Du moins Leibnitz, s'il trouve la pensée inconsciente — ou presque inconsciente, — dans la plupart des opérations de l'âme humaine, n'en regarde pas moins cette inconscience comme le degré *le plus bas de l'intelligence*. Quand nos souvenirs deviennent obscurs, c'est par suite de la nature finie de notre esprit, incapable d'embrasser beaucoup d'idées en même temps. C'est par l'effacement de la conscience, que l'homme se rapproche de l'animal ou de la *monade* inférieure. Dieu est la conscience absolue parce qu'il est la pensée parfaite. En l'homme, la conscience n'est que la *défaillance*, l'éclipse partielle de l'intelligence.

III

LA PHILOSOPHIE DE L'INCONSCIENT CHEZ LES MÉTAPHYSICIENS
DE L'ALLEMAGNE

L'influence de la doctrine de Leibnitz au sujet de l'*inconscience* ne s'est exercée qu'un peu tardivement sur la philosophie allemande. Jusqu'à Fichte et Schelling, on s'occupe très peu des phénomènes psychologiques inconscients. Kant, cependant, reconnaît leur réalité, comme le prouve un passage de l'*Anthropologie* : « Avoir des idées et n'en avoir
» pas conscience, cela paraît contradictoire : comment pou
» vons-nous savoir que nous les avons, si notre conscience
» ne nous en dit rien ? Nous pouvons cependant connaître
» indirectement que nous avons une idée... Le champ des
» intuitions et des impressions sensibles... est illimité... Les
» représentations claires n'occupent que les points, en
» nombre infiniment petit, que la conscience éclaire [1]. »
Toutefois Kant ne traite qu'en passant cette question de l'activité inconsciente (ou subconsciente ?) de l'esprit.

Chez Fichte, l'idée de l'Inconscient prend une plus grande importance. L'*inconscient*, dans son système, nous apparaît pour la première fois comme un principe métaphysique. Hartmann cite un passage de Fichte où il est dit que l'être de Dieu n'est absolument que le *savoir* lui-même... mais seulement le *savoir substantiel*, dont l'infinité n'admet jamais la conscience [2]. Toutefois ce *savoir* inconscient tend à devenir la *conscience absolue* ; mais, pour y parvenir, il se fractionne nécessairement en une multitude de consciences, correspondant à la diversité des individus et des personnes [3].

Cette doctrine obscure est, au fond, celle que développera Hartmann lui-même ; ajoutons qu'elle est nécessairement

1. Kant, *Anthropologie*, § 5.
2. Cité par Hartmann (*Philos. de l'Inconscient*), 1er vol., p. 25, traduction Nolen.
3. V. Hartmann, *Ibid.*, à propos du système de Fichte..

inhérente à tout système moniste. En effet, si l'intelligence est, de toute éternité, immanente à la nature, et si la conscience n'est apparue que bien tard, avec l'homme ou l'animal, il faut bien que l'inconscience soit un attribut éternel de l'intelligence. Aussi retrouverons-nous la doctrine de l'Inconscient dans tous les systèmes métaphysiques de l'Allemagne.

C'est chez Schelling que cette doctrine « se dégage », dit Hartmann, « de toutes les restrictions, de tous les sous-en-» tendus »[1]. Le passage suivant est très important, et a permis à Hartmann de revendiquer Schelling comme un précurseur de son propre système : « En disant : Je suis, je » trouve devant moi le monde tout réalisé ; par conséquent, » en aucun cas le *moi*, déjà en possession de la conscience, » ne peut être l'auteur du monde ; mais rien ne m'empê-» chait de me reporter à un moment où ce *moi*, qui est » maintenant pleinement conscient de lui-même, n'avait pas » encore conscience de son être[2]. » Ce passage semble caractériser la première phase de la philosophie de Schelling, où, partant du moi absolu de Fichte, il en fait le principe unique de toute chose ; c'est bien le moi qui a produit les choses extérieures (celles que j'appelle le non-moi) ; mais il ne les a produites qu'à l'époque de sa phase d'inconscience. C'est avec un enthousiasme religieux que Schelling chante les louanges de ce Dieu inconscient. « Il est le soleil éternel » du royaume des esprits. — L'éclat inaltérable de sa pro-» pre lumière le dérobe à nos yeux ; mais il se manifeste » par toutes ses actions. Il est le même pour toutes les in-» telligences, comme la racine invisible dont toutes les intel-» ligences ne sont que les puissances, comme le lien éternel » du *subjectif* qui se détermine en nous et de *l'objectif* ou » de la nature dans son activité intuitive[3]. »

Cet Inconscient, qui pense en nous et agit dans la nature, est donc à la fois la raison et la puissance, mais une raison

1. Hartmann, *Philos. de l'Inconscient*, 1er vol., p. 27 (trad. Nolen).
2. *Ibid.*, p. 27.
3. Schelling, cité par Hartmann, p. 28.

qui ne sait ce qu'elle fait, une puissance qui ne peut connaître son pouvoir ni ses actes. Comment cette force inconsciente peut-elle réaliser un monde qu'elle ne connaît pas ? Schelling essaie de l'expliquer par la comparaison de l'activité de la nature avec celle de l'artiste. L'activité esthétique est en grande partie inconsciente [1]. L'inspiration est aveugle, et c'est à elle cependant que le poète doit ses élans sublimes, ses vues de génie. L'art n'est qu'une création analogue à l'action créatrice de la nature ; l'une de ces deux créations peut donc nous faire concevoir l'autre. « Première
» manifestation de l'absolu, la nature, d'après Schelling, est
» non seulement vivante, mais divine ; elle recèle d'une façon
» inconsciente les idées divines, immanentes en elle. L'être
» absolu agit et se développe incessamment dans tous les rè-
» gnes ; de la nature inconsciente et fatale, il passe à une
» forme plus haute (l'art), où déjà apparaît la conscience
» avec la liberté »[2], mais où l'Inconscient a encore sa place et se manifeste par l'inspiration. On verra plus loin comment cette théorie de l'inconscience dans les créations du génie a été reprise et développée par Hartmann.

La doctrine de Hegel sur l'Inconscient s'accorde absolument avec celle de Schelling : les trois moments de l'Idée représentent : 1° la période d'inconscience absolue, c'est l'*Idée en soi* ; 2° le passage de l'Idée à la conscience, par une sorte de division d'elle-même ; c'est l'*Idée de soi* ; 3° la conscience absolue, ou l'Idée se ressaisissant elle-même tout entière dans son *unité* ; c'est l'*Idée pour soi*. Comme Schelling, Hegel identifie l'activité de la nature et l'activité de l'artiste. Ce n'est pas l'artiste qui imite la nature ; c'est la nature, c'est-à-dire, pour Hegel, l'Esprit divin, l'Inconscient, qui travaille dans l'âme de l'artiste et qui se manifeste par l'œuvre d'art plus parfaitement que par l'ordre de l'univers :

1. Cité par Hartmann, *Ibid.*
2. Bénard, *Rapports de l'esthétique et de la morale*. Mémoire lu à l'Académie des sciences morales. Ce travail résume les idées esthétiques de Schelling et de Hegel avec toute la compétence que l'on pouvait attendre de leur traducteur.

« Le but de l'art, c'est la manifestation du divin, du vrai
» absolu dans l'apparence et la forme réelle... Ce dont il
» s'agit, c'est la délivrance de l'esprit, s'affranchissant du
» fond et de la forme de l'existence finie, c'est la mani-
» festation et l'harmonie de l'absolu sous des formes
» sensibles[1]. » En un mot, l'art est une des manifestations du *processus* par lequel la conscience relative passe
à la conscience absolue, c'est-à-dire à l'état où l'Idée prend
conscience de son infinité. Aussi l'art, d'après Hegel, a eu
comme la nature les trois moments de son développement. « L'esprit est d'abord confondu avec la nature, dans
» l'état symbolique » (l'art oriental), c'est une période qui
correspond à l'inconscience de l'Idée ; « il est ensuite iden-
» tifié avec la forme humaine dans l'art classique », c'est la
période de la conscience finie, relative, personnelle, où l'esprit s'oppose à lui-même ; enfin « il se dégage des formes
» matérielles et sensibles pour s'enfoncer en lui-même et
» se révéler son essence divine », c'est l'art romantique[2].

Si Hegel applique au développement de l'art sa loi des trois
moments de l'Idée, c'est aussi par la même loi qu'il expliquera l'histoire de l'humanité. Le genre humain, dans son
évolution, est conduit fatalement par un principe inconscient
qui tend peu à peu à prendre conscience de sa nature et de
sa valeur. L'histoire, dit Hegel, « est le développement de
l'esprit universel dans le temps[3] » ; elle est le récit des
vicissitudes à travers lesquelles l'esprit apprend à se donner
la conscience de sa liberté[4]. On sait que ce mot *liberté*, chez
Hegel, ainsi que dans tous les systèmes panthéistes ou mo-
nistes, ne désigne en aucune manière le libre arbitre, mais
une spontanéité fatale qui se développe en vertu d'une loi
immuable. Cette évolution de l'inconscience vers la *spontanéité consciente* ne pouvait se faire, dans l'humanité, sans
lutte ni sans déchirements. En effet, dès que la conscience

---

1. Hegel, *Esthétique* ; — Conclusion, trad. Bénard, 2ᵉ vol., p. 574 et
575.
2. *Ibid.* Préface du traducteur, p. 50.
3. Hegel, *Introd. à la philos. de l'histoire.*
4. V. Willm, *Philos. allemande*, 3ᵉ vol., p. 425.

commence à se manifester, l'individu ne s'attache qu'à lui-
même, il est indifférent au *tout* dont il n'est qu'une partie ;
il cherche son bien particulier au détriment de l'intérêt général. De là toutes les guerres, les désordres partiels, mais nécessaires, qui sont la condition fatale du progrès. « Trois
» degrés, trois périodes marquent ce travail. La première est
» l'état primitif de l'esprit plongé dans une sorte de sommeil
» et d'ignorance de soi-même. Dans la seconde, il s'arrache
» à cet état, et entre dans la conscience de la liberté ; mais
» cette conscience n'est encore qu'imparfaite et partielle.
» C'est dans la troisième période seulement que l'esprit ac-
» quiert une entière conscience de lui-même [1]. » A ces trois
périodes correspondent le despotisme de l'Orient, l'esprit hel-
lénique, où la conscience s'éveille, le génie germanique, qui
est l'ère de la conscience et de la liberté universelle.

Dans toutes ces conséquences logiques qui découlent du
principe hégélien, tout comme dans le panthéisme de Schelling, l'Inconscient est bien le principe, l'origine de toutes
choses ; mais du moins la conscience en est la fin ; la conscience est un progrès, une forme plus parfaite de l'esprit.
C'est un bien, par conséquent. C'est vers un bien toujours de
plus en plus grand que tend l'activité universelle, en s'élevant graduellement à la conscience. A ce point de vue, il y a
opposition complète entre la philosophie de Hegel et celle
de Schopenhauer, pour qui *la conscience est un mal*, ou
tout au moins un malheur, doctrine que Hartmann a repro-
duite de nos jours [2].

Une autre différence capitale entre le système de Hegel
et celui de son adversaire acharné, Schopenhauer, c'est que
le principe inconscient des choses, d'après Hegel, est une
abstraction, une idée, un pur intelligible ; pour Schopenhauer, c'est une réalité concrète, une chose en soi, une Volonté. L'idée est « la représentation de quelque chose » ;

1. Willm, *Ibid.*, p. 426.
2. Pour cette exposition du système de Schopenhauer nous avons large-
ment profité du bel article publié dans les *Annales de philosophie chrétienne* par M. Hébert (Février 1891, *Métaph. de l'Inconscient.*)

elle ne peut donc préexister à l'objet représenté. La *chose en soi* précède. Cette réalité, cette *chose en soi*, principe et substance unique de tout l'univers, est une force. Si Schopenhauer donne à cette force le nom de *Volonté*, ce n'est pas qu'il veuille lui attribuer la liberté. Ni Dieu ni le libre arbitre ne tiennent la plus petite place dans le système de ce philosophe. Dans l'ouvrage intitulé *De la quadruple racine de la Raison suffisante*, il soutient que tous les phénomènes sont déterminés par la nécessité physique ou par la nécessité morale. Il dit, il est vrai, que ce déterminisme absolu ne régit que les manifestations de la Volonté universelle, et non cette Volonté elle-même[1] ; mais cette réserve est une contradiction dans les termes. D'ailleurs, la liberté implique le choix et la conscience du choix ; or, par essence même, la Volonté universelle est inconsciente. Le mot *volonté* n'est qu'un nom donné très improprement à l'activité : « Sont
» des impulsions et des modifications de la volonté, non
» seulement les volitions, au sens le plus étroit du mot,
» mais encore toute opération, tout désir, toute répulsion,
» tout ce qui constitue le bonheur ou la souffrance[2]. »

Pourquoi cette activité, cette *Volonté*, pour parler le langage impropre de l'auteur, est-elle inconsciente ? C'est que la conscience est un phénomène ; par conséquent, c'est un caractère qui peut appartenir par accident, mais non par essence, à la *chose en soi*, à l'être absolu. Telle nous semble du moins la raison pour laquelle Schopenhauer pose la *Volonté inconsciente* comme premier principe. Reste à savoir comment elle arrive à prendre conscience d'elle-même, et à se manifester à nous, — qui sommes la substance même de cette Volonté inconsciente, — sous la double forme de la conscience personnelle et de la perception extérieure, sous la forme du Moi et sous celle du monde matériel ?

Hors de la Volonté, il n'y a rien[3]. Son essence est de vouloir, c'est-à-dire de faire effort. Or, qu'est-ce qui résulte d'un

---

1. V. *Du monde comme volonté et comme représentation*, trad. Burdeau, 1er vol., § 23, pages 117 et suiv.
2. *Ibid.*, t. 3e, p. 14.
3. *Ibid.*, t. 1er, § 28, p. 158.

effort ? Consultons-nous ; car nous sommes une portion de cet Un-Tout, de cette Volonté universelle. Quand nous faisons un effort, il se produit un double effet : 1° un mouvement corporel se fait ; 2° j'ai conscience de cet effort. Donc la volonté n'a que deux modes possibles d'objectivation, c'est-à-dire de manifestation, à savoir la conscience et le mouvement. Ce mouvement n'est pas un effet distinct de sa cause, de la volonté ; il est la Volonté elle-même objectivée, apparaissant comme phénomène : « L'acte de volonté et l'action » du corps ne sont pas deux phénomènes objectifs différents : » ils ne sont qu'un seul et même fait ; seulement ce fait nous » est donné de deux façons différentes. L'action du corps » n'est que la volonté objectivée, c'est-à-dire vue dans la » représentation [1] » ; la représentation, c'est le mouvement perçu ; or le monde extérieur n'est connu de nous qu'à titre de série de mouvements perçus ; donc le monde matériel n'est qu'une représentation.

Schopenhauer n'entend pas par là que ce soient des représentations fausses, illusoires, purement subjectives : il s'est plus d'une fois prononcé contre l'idéalisme [2]. Le monde existe réellement, c'est-à-dire qu'il y a réellement des mouvements ; mais ces mouvements sont ce par quoi la Volonté universelle apparaît, ce par quoi elle peut être l'objet d'une perception, d'un acte représentatif. Ainsi l'essence des choses est d'être *volonté* ; l'acte de cette Volonté est le mouvement, c'est-à-dire le *représentable*, l'objet d'une pensée possible.

Mais, pour qu'il y eût une pensée possible, il fallait que la volonté inconsciente fût capable d'arriver un jour à la conscience ; elle y est arrivée, comme elle était arrivée à la production du mouvement, mais plus tard ; c'est la seconde manière dont elle s'est objectivée. Comment expliquer ce passage de l'inconscient à la conscience, du mouvement représentable à la pensée représentative ? A l'aide d'un organe, soit le cerveau chez les animaux supérieurs, soit un gros

1. *Ibid.*, t. 1ᵉʳ, § 8, p. 104.
2. *Ibid.*, t. 3ᵉ, ch. 18, p. 7 et 8.

ganglion chez les autres[1]. Dès que cet auxiliaire, ce *Deus ex machinâ* est apparu, le monde se manifeste alors sous la seconde face. Jusque là il était seulement volonté, maintenant il est aussi représentation.

L'intelligence, la pensée n'est donc qu'une conséquence nécessaire de l'organisation cérébrale. Faut-il en conclure que Schopenhauer soit matérialiste ? Nullement, ou du moins il repousserait énergiquement ce titre. Il a un profond mépris pour le matérialisme, qu'il appelle « une philosophie de garçons coiffeurs et d'apprentis pharmaciens[2] ». En quoi donc sa doctrine diffère-t-elle du matérialisme ? C'est qu'à ses yeux la matière, et en particulier le cerveau, tout en étant choses très réelles, puisqu'elles sont actives, sont identiques dans leur substance à un principe métaphysique, c'est-à-dire à la Volonté[3] ; la matière n'est qu'un accident, un mode, une manifestation de l'immatériel. La pensée, la *représentation* manifeste le cerveau, lequel manifeste la *volonté*. De là le rôle très inférieur qu'il assigne à la représentation et à la connaissance en général, par rapport à la Volonté. L'intelligence est subjectivement la même chose qui nous apparaît objectivement dans le cerveau ; or le cerveau n'est qu'un parasite du reste de l'organisme, car il ne s'engrène pas directement dans les rouages intimes de cet organisme, et ne sert à la conservation du *moi* que parce qu'il en règle les rapports avec le monde extérieur[4].

Non seulement la conscience est une chose de peu de valeur, mais elle est un *mal*, parce qu'elle a pour objet notre propre malheur. En effet, elle résulte de l'effort de la Volonté pour s'objectiver ; or cet effort ne peut produire que la douleur ; tout effort naît d'un besoin, d'un manque de quelque chose ; si l'essence de la Volonté est de vouloir, de faire effort, il est de son essence de manquer, d'éprouver le besoin[5]. *Volonté* est donc identique à *souffrance* ; l'anxiété,

---

1. *Ibid.*, t. 1er, § 27, p. 155.
2. *Ibid.*, t. 2, p. 311.
3. *Ibid.*, ch. 19, p. 13 et ch. 20, p. 60.
4. *Ibid.*, 3e vol., p. 60.
5. *Ibid.*, t. 1er, § 57, p. 326 et suivantes.

la souffrance sont et demeurent son essence. Bien qu'elle cherche sa satisfaction dans la connaissance, elle n'y trouve en réalité qu'une douleur plus grande ; car on souffre plus d'un mal connu que d'un mal ignoré [1].

N'y a-t-il pas cependant quelques moyens d'échapper à la souffrance ? Il faudrait pour cela que la Volonté universelle, qui veut et qui pense en nous, pût cesser de vouloir, ce qui est impossible. Mais ce qui nous délivrerait, ce serait de perdre ou de réduire le plus possible la conscience de ce vouloir. Le suicide ne peut nous procurer cette délivrance ; car la mort de notre corps ne fait pas périr le vouloir universel, et c'est ce vouloir qui est notre essence [2]. Toutefois on arrive partiellement à nier le vouloir, c'est-à-dire à abdiquer sa propre personnalité par les actes de désintéressement [3], par l'extase de l'ascète [4] et surtout par cette extase esthétique que produit la contemplation du beau [5]. Voici comment Schopenhauer décrit cette contemplation extatique du beau qui affranchit l'âme, sinon du vouloir, au moins de la conscience qu'elle a de son vouloir : « Lorsque, s'élevant par
» la force de l'intelligence, on cesse de rechercher les seu-
» les relations des objets entre eux, relations qui se rédui-
» sent toujours, en dernière analyse, à la relation des objets
» avec notre volonté propre, lorsque l'on ne considère plus
» ni le lieu, ni le temps, ni le pourquoi, ni *l'à quoi bon* des
» choses, mais purement et simplement leur nature [6]..., quand
» on remplit toute sa conscience de la contemplation paisi-
» ble d'un objet actuellement présent, paysage, arbre, ro-
» cher,... du moment qu'on oublie son individu, sa volonté,

---

1. *Ibid.*, t. 1ᵉʳ, § 55, p. 324. Il est facile de voir le défaut de ce principe, sur lequel repose le pessimisme de l'auteur : « Toute volonté est effort, tout effort est souffrance ». Oui, en un sens, si c'est une volonté finie, stimulée par le manque de quelque chose. Mais une volonté infinie ne peut agir que par sa tendance à épancher des trésors de bonté ou de félicité sur les autres.

2. *Ibid.*, t. 1ᵉʳ, § 69, p. 416 et suiv.

3. *Ibid.*, t. 3, ch. 48, p. 418 et suiv.

4. *Ibid.*, t. 1ᵉʳ, § 71, p. 429.

5. *Ibid.*, t. 1ᵉʳ, §§ 33, 34.

6. *Ibid.* On reconnaît ici la théorie de Kant, qui définit le Beau : « Une finalité sans concept de fin ».

» et qu'on ne subsiste que comme sujet pur, comme clair
» miroir de l'objet..., alors celui qui est ravi dans cette con-
» templation n'est plus un individu ; c'est le sujet connais-
» sant pur, affranchi de la volonté, de la douleur et du
» temps [1]. »

Voilà certes une admirable page, aussi profonde, aussi
philosophique que poétique, et inspirée par le plus pur sentiment du beau. Elle témoigne de la grande valeur de Schopenhauer comme esthéticien ; mais en même temps elle est
la négation du système métaphysique de l'auteur. En effet,
comment puis-je trouver le calme et la sérénité dans la contemplation pure de l'essence des choses, si cette essence est
par elle-même un principe d'inquiétude et de souffrance ?
Que sert de m'oublier moi-même, de fuir le spectacle de
cette manifestation infortunée de la Volonté que j'appelle le
moi, si je ne peux la fuir qu'à la condition de me perdre dans
le spectacle du *non-moi*, cette autre manifestation du même
mal ?

La morale de Schopenhauer n'est pas moins belle que
son esthétique (surtout quand on fait abstraction des principes de sa doctrine) ; pratiquer le désintéressement, se dévouer
à autrui, quoi de plus grand ? Mais si le motif de ces hautes
vertus n'est que l'ennui de vivre et le besoin de nous oublier
nous-mêmes, ne perdent-elles pas de leur prix ? L'amour
de Dieu et du prochain ne seraient-ils pas des motifs à la
fois plus élevés et plus efficaces ? Jusqu'ici, ce sont là les
sentiments qui ont fait les héros et les saints : Schopenhauer
nous recommande l'héroïsme et la sainteté pour nous dé-
sennuyer.

Nous n'avons pas à discuter ici les principes ni toutes les
conséquences du système de ce philosophe, que nous retrou-
verons plus tard chez Hartmann. Nous constaterons seulement
que, dans cette doctrine, l'Inconscient n'est absolument
qu'une hypothèse *a priori* ; Schopenhauer n'a fait qu'une
métaphysique de l'Inconscient, mais non une psychologie de
l'Inconscient. C'est du reste le caractère nécessaire de tout

---

1. *Ibid.*, t. 1ᵉʳ, § 34, p. 183.

système moniste, qui considère l'âme humaine, non comme un être à étudier par l'expérience, mais comme un mode de l'Etre unique, dont les attributs doivent se déterminer par la pensée pure. Si nous voulons résoudre la question des phénomènes inconscients, c'est aux psychologues que nous devons nous adresser. Herbart en Allemagne, Hamilton en Angleterre, se sont particulièrement occupés du problème et l'ont traité avec une sagacité remarquable.

IV.

L'IDÉE DE L'INCONSCIENT CHEZ LES PSYCHOLOGUES

Pour Herbart, comme pour Leibnitz, tous les phénomènes psychologiques sont de nature intellectuelle [1]. Il y a deux subdivisions parmi ces phénomènes : 1° les représentations actuelles, ou pensées conscientes ; 2° les tendances à la représentation. Nous n'avons pas conscience de ces tendances tant qu'elles ne passent pas à l'acte : mais elles ne diffèrent des représentations actuelles qu'en degré, et non en nature. Si les tendances, c'est-à-dire les représentations en puissance, augmentent graduellement, elles peuvent atteindre un certain degré d'intensité, correspondant *au seuil de la conscience* ; réciproquement, les représentations actuelles peuvent décroître peu à peu, tomber au-dessous du seuil, et ne sont plus alors qu'en puissance. Il n'y a pas, par conséquent, de solution de continuité entre les représentations qui sont au-dessus du seuil, et les tendances qui sont au-dessous (de même que dans un thermomètre il n'y a pas de solution de continuité entre les degrés de chaleur et les degrés de froid). Il se fait une *oscillation* perpétuelle des perceptions conscientes qui descendent et des perceptions latentes qui remontent au-dessus du seuil. Cette oscillation s'explique par *l'antagonisme des représentations* ; car les perceptions se chassent les unes les autres ; celle qui est chas-

---

1. Herbart, *Psychologie als Wissenschaft* (Einleitung). — Voir également sur ce point Ribot, *Psychologie allemande*, p. 6, 7 et 8 (exposition du système de Herbart).

sée tombe au-dessous de l'horizon de la conscience, et rentre ainsi dans la région des simples tendances à la représentation. Ainsi l'oubli n'est que la réduction du souvenir à ce faible degré d'intensité où il cesse d'être visible.

De cet antagonisme des représentations Herbart déduit une explication des idées générales[1]. J'ai perçu souvent des objets qui se ressemblent par beaucoup de qualités et diffèrent par quelques-unes ; ces perceptions, ces représentations se sont éliminées les unes les autres, tour à tour. Mais l'élimination n'a jamais été complète, et voici pourquoi. Ce par quoi les objets diffèrent est sorti de la conscience, mais ce par quoi ils se ressemblent est resté ; car ces caractères communs, se retrouvant dans toutes les perceptions successives, reparaissent aussitôt que disparus : ce qui revient à dire qu'ils ne sont jamais absents de la conscience. Ainsi, une fois toutes les différences tombées dans l'inconscient, il reste un résidu permanent ; et ce résidu est l'idée générale.

En résumé, si Herbart affirme l'existence des idées inconscientes dans l'âme humaine, c'est au nom du principe de continuité. Entre les pensées *en acte* et les tendances (les pensées *en puissance*), il n'y a pour lui aucune solution de continuité, ni surtout aucune différence radicale de nature ; et, comme les tendances sont incontestablement inconscientes, il faut bien, si elles sont de la nature des idées, qu'il y ait des idées sans conscience. Herbart a-t-il démontré cette identité de nature entre les faits intellectuels et tous les autres phénomènes psychologiques ? Là est toute la question.

Hamilton a-t-il mieux réussi à prouver l'existence des pensées absolument inconscientes ? Il semble tout d'abord que sur cette question il se soit contredit lui-même. Si, d'une part, il affirme souvent l'inconscience des idées, il affirme également que « tout acte de l'esprit est un acte de conscience[2] ». Faut-il admettre, avec Stuart Mill, qu'Hamilton se contredit réellement et se corrige lui-même ? ou plutôt ne pourrait-on pas concilier ces apparentes contradictions par des textes

1. *Ibid.*, p. 19 et 20.
2. Hamilton, *Lectures,* t. I, p. 227.

où se trouve expliquée la théorie générale d'Hamilton sur la conscience ?

La conscience, nous dit Hamilton, n'est pas un acte distinct de nos pensées ; elle est « nos actes intellectuels eux-mêmes », mais seulement *en tant qu'ils atteignent un certain degré d'intensité*, et par conséquent de clarté. « Il
» ne faut pas regarder la conscience comme une chose dif-
» férente des modes et des mouvements mêmes de l'esprit.
» On ne doit pas la considérer comme un lieu éclairé, où
» les objets qui entrent sont représentés, pour être ensuite
» soustraits à l'observation quand ils en sortent ; il ne faut
» pas non plus la considérer comme un observateur, ni les
» modes de l'esprit comme les phénomènes observés. La
» conscience, c'est précisément les mouvements eux-mê-
» mes, s'élevant au-dessus d'un certain degré d'intensité...
» Elle n'est qu'un mot compréhensif applicable à tous les
» mouvements de l'esprit qui s'élèvent tout d'un coup au-
» dessus d'un certain degré d'intensité [1]. »

Ainsi la conscience n'est essentielle qu'à la pensée douée d'une certaine intensité. Il peut donc y avoir des états et des actes inconscients. Ces actes, d'après Hamilton, sont de trois espèces, de trois degrés. La première espèce comprend toutes les parties de notre connaissance auxquelles nous ne pensons pas pour le moment : « Je connais une science,
» une langue, non seulement au moment où j'en fais usage,
» mais en tant que je peux m'en servir quand et comme il
» me plaît [2]. » Ainsi l'immense majorité de nos richesses mentales demeure cachée hors de la sphère *actuelle* de la conscience.

« La seconde espèce d'états latents comprend les systè-
» mes de connaissances... qui ne se révèlent à la conscience
» que dans certains moments d'exaltation extraordinaire. »
Tels sont les souvenirs de certains malades, qui se rappellent dans des crises une langue oubliée depuis de longues années.

---

1. Hamilton, *Supplément à Reid*, cité par Stuart Mill, *Philosophie de Hamilton*, p. 138, traduct. Cazelles.
2. Hamilton, *Lectures*, t. I, p. 339 et suiv.

Troisièmement, même dans le cours régulier de la vie mentale, il y a « des états actifs ou passifs de l'esprit dont » nous n'avons pas conscience, mais qui manifestent leur » existence par des *effets* dont nous avons conscience ». Comme arguments, Hamilton cite : 1° les petites perceptions inconscientes, dont les perceptions totales et conscientes sont composées ; 2° les vides apparents qui interrompent l'enchaînement naturel de nos associations d'idées et qui doivent être comblés par des intermédiaires inconscients. C'est à Leibnitz qu'il emprunte l'hypothèse des perceptions inconscientes, considérées comme éléments infinitésimaux des perceptions totales : « Le murmure de la mer est une somme » composée de parties ; cette somme serait égale à zéro, si » les parties ne comptaient pas pour quelque chose …; si le » bruit de chaque vague ne faisait aucune impression sur » nos sens, le bruit de la mer, résultant de ces impressions, » ne pourrait se produire » ; mais je n'ai pas conscience du bruit d'une seule vague ; donc je le perçois inconsciemment. De même, la perception consciente d'une forêt verte vue de loin résulte des perceptions inconscientes que produit sur le moi la vue de chaque feuille.

Quant à l'hypothèse des intermédiaires inconscients qui, d'après Hamilton, combleraient les vides constatés parfois dans l'enchaînement de nos idées, il cite à l'appui un fait personnel : l'exemple est très célèbre, parce qu'il est très curieux ; et s'il est très curieux, c'est que les faits de ce genre sont très rares. « Je pensais, » dit-il, « au Ben Lomond ; » cette pensée fut immédiatement suivie de la pensée du » système d'éducation prussien. Or il n'y avait pas moyen » de concevoir une connexion entre ces deux idées elles- » mêmes. Cependant un peu de réflexion m'expliqua l'ano- » malie. La dernière fois que j'avais fait l'ascension de cette » montagne, j'avais rencontré à son sommet un Allemand, » et bien que je n'eusse pas conscience des termes inter- » médiaires entre Ben Lomond et écoles de Prusse, ces » termes étaient indubitablement Allemand, Allemagne, » Prusse, et je n'eus qu'à les rétablir pour rendre évidente

» la connexion des extrêmes [1]. » Hamilton, en citant ce fait, le généralise, et résume ainsi cette hypothèse, dont il fait une loi : « Supposez que les idées A et C ne peuvent se suggérer » l'une l'autre, mais que l'une et l'autre sont associées à l'i- » dée B. Il peut arriver que nous ayons conscience de A et » immédiatement après de C. Comment expliquer cette » anomalie ? On ne le peut que par le principe des modifi- » cations latentes. » J'ai pensé A avec conscience, et B m'a suggéré C. Si B, qui m'a servi de trait d'union, est resté in- conscient, c'est que cette idée était au-dessous du minimum perceptible.

Dans son examen de la philosophie d'Hamilton, Stuart Mill combat toute son argumentation en faveur des idées laten- tes. Dans les deux premiers cas cités par Hamilton, ce qui est inconscient en nous, ce n'est pas l'idée, c'est le simple pouvoir de la penser de nouveau [2]. « Tout le monde ad- » met », dit-il, « que nous avons des facultés dont nous n'a- » vons pas conscience ; mais ce ne sont que des aptitudes » à recevoir des impressions, et non des impressions. » réelles. » Ainsi, quand je sais une langue, ce savoir n'est pas un état d'esprit, mais un pouvoir ; je ne pense pas tous les mots de cette langue, mais je suis capable de les penser. De même, l'aptitude à retrouver dans un moment de sur- excitation un souvenir perdu n'est pas une modification de mon esprit ; c'est une simple capacité d'être modifié. Pour qu'Hamilton eût le droit de parler de pensées latentes, « il » aurait fallu démontrer, non pas que nous pouvons possé- » der une connaissance sans l'évoquer, mais qu'elle peut » être évoquée dans l'esprit sans que nous en ayons cons-- » cience. » C'est là toute la question. Avons-nous des per- ceptions actuelles sans percevoir que nous les avons ? Ha- milton prétend que nous percevons sans conscience les bruits imperceptibles des vagues, les couleurs impercepti- bles de chaque feuille verte, et que le bruit total de la mer, la sensation totale de *forêt verte* se composent de ces élé- ments infinitésimaux. Mais comment Hamilton a-t-il pu, sans

1. *Ibid.*, p. 352, 353.
2. Stuart Mill, *Ibid.*, p. 323 et suiv.

s'en apercevoir, « laisser glisser son raisonnement sur une » supposition gratuite » ? Parce que le minimum visible se compose de parties «.... et parce que le minimum visible pro- » duit une impression sur la vue, Hamilton saute d'un bond » à la conclusion que chacune des parties produit aussi une » impression ». Mais si « une certaine quantité de la cause » peut être une *condition* nécessaire d'une partie de l'effet », il ne s'ensuit pas que chaque partie de la cause produit iso- lément une partie égale de l'effet. « Supposer que chaque » vague affecte l'esprit séparément parce que l'ensemble » l'affecte, c'est pour le moins une hypothèse sans preuve. »

Il n'y a donc pas de perceptions inconscientes, ou, s'il y en a, ce n'est nullement prouvé. L'exemple tiré des cas d'association est-il plus concluant ? Y a-t-il réellement des idées inconscientes qui s'interposent entre deux idées cons- cientes ? Est-il certain qu'entre l'idée consciente de Ben Lo- mond et l'idée consciente des écoles prussiennes, Hamil- ton ait pensé sans conscience au voyageur allemand ? Mais il est très possible, dit Stuart Mill, qu'il ait pensé à cet Allemand avec conscience, pendant un instant très court, et que cette pensée ait été oubliée. De ce que j'ai oublié une idée, pensée durant un temps très court, il ne s'ensuit pas que pendant ce temps, si court qu'il soit, elle ait été absolu- ment inconsciente. Quand nous lisons, nous tournons les pages d'un livre avec conscience ; un instant après, nous ne nous souvenons plus d'avoir eu conscience de cet acte . En un mot, la perte presque immédiate d'un souvenir ne prouve pas que l'idée a été inconsciente, mais seulement peu cons- ciente.

Il peut cependant arriver, ajoute Stuart Mill, qu'il y ait des modifications des nerfs dont je n'aie pas conscience ; il y en a même des exemples étonnants ; ainsi, dans le feu du combat, le soldat ne s'aperçoit pas toujours immédiate- ment qu'il est blessé [1]. Seulement, on ne doit pas dire qu'il y a eu sensation inconsciente ; il n'y a pas eu du tout de sen- sation, parce que, « les centres nerveux étant occupés vive-

---

[1]. *Ibid.*, p. 336.

» ment par d'autres impressions, l'affection des nerfs locaux
» ne les atteint pas ». Il peut donc se faire que certains anneaux manquent réellement à la chaîne des associations
conscientes ; mais ces anneaux latents ne sont pas des
idées, ce sont des modifications nerveuses, qui n'ont pas eu
le temps d'arriver aux centres, et qui pourtant ont servi
d'intermédiaires entre deux modifications accompagnées de
conscience.

Cette explication de Stuart Mill rend tout à fait inutile l'hypothèse de l'idée inconsciente, supposée uniquement pour
remplir le rôle d'intermédiaire ; ce n'est plus une idée, mais
un mouvement qui vient remplir ce rôle[1]. Mais Stuart Mill.
en réfutant Hamilton, et en délivrant la philosophie de la
chimère des idées inconscientes, tombe dans l'excès contraire
et diminue trop le rôle des aptitudes, des tendances inconscientes. C'est au sujet des connaissances conservées dans la
mémoire. Je sais une langue, dit-il ; la connaissance inconsciente que j'ai de tous les mots n'est qu'un pouvoir, une
aptitude à les évoquer. — Soit, mais cette aptitude est plus
qu'une simple puissance, c'est une disposition, comme
Leibnitz l'a bien montré ; et cette disposition est bien la propriété de mon âme ; elle n'attend pour passer à l'acte que
la suppression de l'obstacle.

Herbart et Hamilton, en donnant une importance considérable au problème des *idées inconscientes*, n'ont pas été
sans influence sur la psycho-physique[2]. D'ailleurs, la nature
même de cette science et l'objet dont elle s'occupe ont des
rapports intimes avec la question de l'inconscient. Elle s'occupe de déterminer la nature et l'intensité des phénomènes

1. Sans doute, un disciple de Leibnitz objecterait qu'à un mouvement
cérébral quelconque doit correspondre, en raison de l'harmonie préétablie, un phénomène intellectuel ; mais ce n'est là après tout qu'une hypothèse. — L'argumentation de Hamilton, sur la nécessité d'intermédiaires
inconscients pour relier la chaîne de nos idées conscientes, se trouve dans
un autre psychologue anglais, J. Murphy. Mais la réfutation que Stuart
Mill a faite des conclusions d'Hamilton s'applique également bien à J.
Murphy.

2. « Malgré ses critiques des vues d'Herbart, dit Hartmann, Wundt est
incontestablement un de ses disciples. »

cérébraux qui accompagnent la pensée ; or l'expérience a montré que la sensation consciente n'est pas proportionnelle en intensité au mouvement organique ; à une grande augmentation de l'excitation organique correspond une moindre augmentation de la sensation consciente ; à un faible degré de mouvement extérieur et d'excitation organique ne correspond aucune sensation consciente (lois de Fechner). Il y a donc des faits physiologiques qui ne correspondent à aucun fait intellectuel : ou bien ces faits physiologiques correspondent à des faits intellectuels inconscients. Les psycho-physiciens se rangent plus volontiers à cette seconde hypothèse ; Maudsley et Wundt en sont partisans décidés, mais pour des raisons différentes. Chez Maudsley, l'hypothèse des idées inconscientes est simplement la conséquence nécessaire de ses principes matérialistes ; pour lui, il n'y a aucune distinction entre le fait cérébral et le fait intellectuel ; donc toute excitation organique inconsciente est une idée inconsciente. Au contraire, chez Wundt, la doctrine des raisonnements inconscients se fonde sur une ingénieuse analyse psychologique.

D'abord Maudsley réduit la conscience au rôle d'un simple témoin, d'un curieux oisif qui contemple les faits intellectuels sans y contribuer en rien : « Un homme, dit-il, ne » serait pas une moins bonne machine intellectuelle sans la » conscience qu'avec elle [1]. » La pensée n'est pas autre chose qu'un simple dégagement de force cérébrale, et le cerveau, pour dégager cette force, n'a pas besoin qu'on le regarde faire. La conscience n'est qu'un *épiphénomène*, aussi étranger au phénomène intellectuel que l'ombre produite par une machine est étrangère au mouvement de la machine. Aussi « la partie la plus considérable de l'activité de l'âme, » le processus essentiel d'où la pensée dépend, consiste » dans une activité inconsciente... Le processus de l'asso-» ciation des idées, non seulement se déroule indépen-» damment de la conscience, mais le mélange intime des » idées semblables se fait sans que la conscience exerce au-

---

1. Maudsley, *Physiologie de l'Esprit*, trad. française, p. **73 et suiv.**

» cun contrôle ou même en ait la moindre connaissance [1]. »
Enfin, la conscience n'est pas seulement un élément inutile
pour penser, c'est un élément souvent nuisible. « Les meil-
» leures pensées d'un auteur sont celles qu'il n'a pas vou-
» lues, qui le surprennent lui-même ; le poète dont les créa-
» tions sont vraiment inspirées n'est, en tant que producteur
» conscient, que l'instrument d'une activité inconsciente.
» Le penseur qui fait attention à la suite de ses pensées,
» pense avec peu de succès. » Pourquoi est-il ainsi ? Pourquoi la réflexion nuit-elle au libre essor de la pensée ? La
raison en est bien simple : c'est que la réflexion est « la réac-
» tion d'une cellule contre l'excitation qui lui vient d'une
» autre cellule voisine ». Il y a donc lutte et, par suite,
trouble, empêchement du travail spontané du cerveau. La
réflexion n'est plus ici simplement un oisif, un spectateur
curieux, mais un fâcheux ; et Maudsley va même jusqu'à
dire : « Un homme dont le cerveau fait sentir sa présence à
» la conscience n'est pas sain ; et une pensée qui est cons-
» ciente d'elle-même n'est pas une pensée saine. »

Si ces dernières assertions paraissent, à bon droit, para-
doxales, les précédentes ne sont pas, au fond, beaucoup mieux
établies. Rien de plus gratuit que cette assertion où se résume toute la doctrine de Maudsley sur l'inconscience de la
pensée : « La partie la plus considérable de l'activité de
» l'âme, le processus essentiel dont la pensée dépend, con-
» siste dans une activité inconsciente. » Quelle expérience
nous autorise à faire à la pensée inconsciente une part plus
grande qu'à la conscience ? Hamilton, qui s'appuie sur l'expérience et l'induction, regarde l'intervention des idées inconscientes dans l'association comme un fait exceptionnel.
De cette exception Maudsley fait la loi ; l'expérience prononce contre lui : et c'est une expérience que chacun peut
facilement faire. En effet, pensons à une chose quelconque,
et laissons aller notre pensée au fil de l'association ; au
bout de quelques instants elle aura parcouru beaucoup de
chemin. Essayons ensuite de remonter, par la mémoire, du

1. Cité par Hartmann, 1er vol., p. 511.

dernier terme au premier : nous retrouvons presque toujours l'enchaînement de nos idées. Si donc il n'y a pas de solution de continuité dans la mémoire, c'est qu'il n'y en a pas eu dans la conscience.

Au fond de toutes ces assertions du physiologiste anglais, il y a une confusion de choses qui est chez lui perpétuelle et systématique. Pour lui, l'activité mentale est identique à l'activité cérébrale ; or nous n'avons, chacun l'avoue, aucune ou presqu'aucune conscience des mouvements cérébraux ; donc nous n'avons qu'une conscience très incomplète de l'activité mentale. L'existence des idées inconscientes n'est donc chez Maudsley qu'une conclusion subordonnée à l'hypothèse matérialiste.

Il en est bien autrement de Wundt. C'est par l'analyse des faits physiologiques et par l'induction qu'il arrive à sa théorie des jugements et des raisonnements inconscients, théorie absolument nouvelle et surtout plus profonde que la doctrine de Leibnitz et de Hamilton sur les *perceptions latentes*. Le défaut de la thèse soutenue par Leibnitz, c'est de supposer que les perceptions sont composées de parties infinitésimales, comme l'objet perçu. Wundt est trop bien au courant des progrès accomplis dans la théorie de la perception pour admettre une telle hypothèse. S'il décompose nos perceptions, ce n'est pas en éléments simultanés, en parties juxtaposées, mais en éléments successifs ; il n'en fait pas une *somme*, mais une *série* de phénomènes qui se suivent et dont la conscience n'atteint qu'un seul, celui qui se produit le dernier.

Toute pensée, toute perception, toute sensation même n'est, d'après Wundt, qu'une conclusion [1]. En quoi donc la sensation immédiate, primitive, diffère-t-elle du raisonnement conscient, de la déduction ou de l'induction ? C'est que dans le raisonnement conscient, le seul que les logiciens aient reconnu jusqu'ici, les prémisses sont conscientes aussi bien que la conclusion ; au contraire, dans la perception immé-

---

1. V. Ribot, *Psychologie allemande*, p. 255.

diate, les prémisses sont des états inconscients, ou des actes inconscients de l'intelligence ; la conclusion seule apparaît à la conscience, et voilà pourquoi nous la croyons immédiate, nous la regardons comme un fait primitif, lorsqu'elle n'est que le dernier anneau d'une série. Ce que Wundt dit de la sensation, il l'applique à toutes les formes de l'activité psychique : chaque forme supérieure est une conclusion dont les formes inférieures sont les prémisses.

Pour prouver que tout acte de pensée consciente, même le plus simple, suppose des prémisses inconscientes, il donne l'exemple suivant : Je porte un jugement quelconque, par exemple : le lion est un animal. Pour faire cette affirmation, il faut que je sache antérieurement ce que c'est qu'un animal, que je connaisse les caractères distinctifs de l'animal d'une part, du lion d'autre part. Cette double connaissance suppose à son tour une foule de jugements, d'expériences, de comparaisons antérieures, dont les résultats acquis servent de prémisses à mon jugement actuel. Mais je n'ai pas conscience de toutes ces conclusions précédemment obtenues, au moment où j'en tire cette nouvelle conclusion : le lion est un animal. Il est donc rigoureusement vrai que mes jugements conscients sont, au moment même où je les porte, un résultat logique de prémisses inconscientes ; non seulement les prémisses me sont inconnues pendant que je les applique, mais la nature même de l'opération logique que j'accomplis échappe à la conscience. Je raisonne sans le savoir, et cependant je raisonne juste.

Puisque tous nos jugements sont des conclusions, le raisonnement doit précéder le jugement ; en sorte que, d'après Wundt, « le raisonnement est la connaissance qui se fait, » le jugement est la connaissance qui est faite »[1]. Toutefois cette formule ne peut s'entendre que du jugement conscient ; autrement il y aurait là un cercle vicieux, puisque le raisonnement suppose à son tour des prémisses qui sont des jugements ; mais ces jugements inconscients ne sont-ils pas à leur tour des conclusions que nous tirons d'autres faits encore

1. Cité par Ribot. *Ibid.*, p. 258.

plus simples, par exemple des sensations ? Wundt observe que nos sensations, dès qu'elles tombent sous la conscience, sont encore elles-mêmes fondées sur des jugements antérieurs : « Quand j'ai conscience que ce que je vois est rouge, » je le distingue par là du vert, du bleu. Comment puis-je » faire cette différence ? Grâce aux marques déterminées » que l'objet possède pour ma sensation... Mais chacune de » ces marques n'est rien autre chose qu'un jugement... » L'acte de pensée primitif n'est donc pas l'intuition senso-» rielle immédiate, mais ce jugement qui fixe la marque » particulière de la sensation [1]. » Quelles sont ces marques ? Cela m'est absolument inconnu.

Ainsi l'élément primitif, les prémisses dont les sensations conscientes sont les conclusions, se cachent dans l'inconnaissable absolu.

Telle est, sous sa première forme, la doctrine de Wundt sur les éléments inconscients de la pensée. Depuis, il a substitué au mot de *raisonnements inconscients* les mots *processus d'association* et *d'aperception* [2]. En tout cas, quel que soit le nom de la série de phénomènes qui constituent l'activité psychique, la pensée consciente est le dernier anneau de cette série ; elle est la suite, le complément d'actes inconscients.

Dans la seconde édition de sa *Psychologie physiologique*, Wundt complète sa théorie de l'inconscient par une distinction empruntée à Leibnitz ; il distingue la *perception* et l'*aperception*. L'attention s'applique à certains phénomènes psychiques, et non à d'autres ; ceux-là seuls auxquels elle s'applique sont *aperçus* ; les autres sont simplement perçus. Cette aperception vient de l'intensité de l'impression. Elle est passive quand l'impression est unique ou notablement prépondérante. S'il y a conflit entre plusieurs impressions, l'aperception fait le choix ; elle est active.

On voit ici que l'aperception est identique à la volonté ; ou plutôt elle en est la forme supérieure, comme elle est la forme supérieure de la pensée. Ainsi la volonté semble se

1. V. Ribot, *Psych. allemande*, p. 259.
2. V. *Ibid.*, p. 261 et 262, en note.

confondre, pour Wundt, avec l'activité ; la volonté est le fait primordial d'où naissent toutes les impulsions [1]. Il est facile de voir que cette doctrine est empruntée à Schopenhauer.

L'aperception, ou représentation consciente, se traduit par les mouvements qu'elle imprime au cerveau. Cependant « l'aperception peut avoir lieu sans que le mouvement s'en » suive, lorsque les organes sont malades ou empêchés ». De cette explication du mouvement, de l'acte volontaire, par une impulsion due au pouvoir idéo-moteur de la représentation, faut-il conclure que Wundt nie absolument le libre arbitre ? Non ; car il pose la question sans la résoudre ; il incline à la négative, mais réserve la possibilité de la solution affirmative. Sans doute, d'après lui, la conscience que j'ai d'agir librement ne prouve pas que je suis réellement libre de toute contrainte ; elle prouve seulement que, si je suis contraint, c'est par une cause inconnue, insensible [2]. Mais d'autre part, si cette cause est inconnue, je ne puis affirmer qu'elle agit sur moi : ou tout au moins je ne puis affirmer qu'elle soit une cause physique. « Quand on » dit que le caractère de l'homme est un produit de l'air et » de la lumière, de la nourriture et du climat, on tire une » conclusion complètement indémontrable. »

Le déterminisme n'est donc, en somme, pour Wundt, qu'une hypothèse ; seulement c'est l'hypothèse à laquelle il s'attache de préférence pour l'explication des faits : et cette hypothèse se relie à sa théorie de l'*inconscient* ; c'est dans l'Inconscient que se préparent, s'élaborent, tous les processus qui aboutissent à la volonté et à la conscience.

Dans quelle mesure pouvons-nous admettre les conclusions de Wundt ? D'abord, tout en prenant acte de la réserve qu'il fait en faveur de la liberté, nous ne saurions nous en contenter. C'est trop, déjà, du simple doute, en face du témoignage de notre conscience. Expliquer cette claire conscience de notre liberté par l'ignorance des causes déterminantes qui agissent, ou même qui pourraient bien agir, en nous, à

---

1. *Ibid.*, p. 290.
2. *Ibid.*, p. 293 à 295.

notre insu, c'est supposer possible une illusion dont la nature humaine n'est pas susceptible ; et la preuve expérimentale de l'impossibilité où nous sommes d'éprouver une telle illusion, cette preuve, on l'a vu plus haut, se trouve dans le fait de l'instinct. En effet, dans les actes d'instinct, nous n'avons pas la moindre conscience des causes qui nous meuvent ; et cependant nous ne nous figurons pas pour cela que nous agissons librement ; or cette illusion devrait se produire si l'homme était capable de prendre pour liberté l'absence de tout sentiment de contrainte. La volonté n'est donc point plongée et attachée par ses racines dans la nuit de l'inconscient. Non seulement elle n'a pas conscience de sa chaîne, mais elle a conscience qu'elle n'a pas de chaînes ; elle a conscience d'une solution de continuité entre les motifs qui la sollicitent et la décision qu'elle prend.

Pour ce qui est de nos *pensées*, on peut accorder à Wundt qu'elles sont reliées comme les anneaux d'une chaîne à toute la série des antécédents psychologiques [1]. Ainsi nos jugements, presque toujours, sont la conclusion d'une longue série de jugements antérieurs. Les dernières conclusions d'un livre de géométrie ne seront comprises par l'écolier que s'il a bien saisi toutes les propositions précédentes. Même des propositions très simples en supposent d'autres encore plus élémentaires. Cette loi se vérifie pour les jugements moraux comme pour les jugements portés sur les objets matériels. Je vois un acte de dévouement, je l'admire ; mon jugement est instantané, et cependant il suppose une foule de jugements que j'ai formulés autrefois dans mon esprit. J'ai appris dès l'enfance à distinguer le bien du mal ; j'ai souvent remarqué que le dévouement suppose de la force, de la grandeur d'âme, de la bonté : si je n'avais pas souvent pensé ces choses, je ne serais pas prêt à porter un jugement instantané sur l'acte de dévouement dont je viens d'être spectateur.

C'est surtout dans son application à la perception que la loi remarquée par Wundt est d'une grande importance. Per-

1. Toutefois, parmi ces antécédents psychologiques peuvent se trouver des pensées volontaires, des actes libres.

cevoir, c'est interpréter des sensations, c'est-à-dire des signes.
Pour interpréter ces signes, nous nous servons, à tout moment, des principes de la raison, et des nombreuses connaissances acquises par notre expérience passée ; notre jugement
sur l'objet est la conclusion résultant de tous ces jugements
passés et de leur application au cas actuel. Un arbre me paraît à une distance d'environ 30 mètres ; voilà une conclusion
que je porte au premier coup d'œil. Mais, pour la formuler,
il ne suffit pas que j'aie vu l'arbre ; il faut que j'aie appris
autrefois à distinguer les objets proches des objets éloignés ;
il faut que j'aie appris la relation d'une certaine sensation
visuelle (par exemple la dégradation des couleurs, le rapetis-
sement apparent de l'objet) avec le degré d'éloignement. Que
de jugements, que de raisonnements pour arriver à bien apprécier cette relation, et par suite l'éloignement !

Mais, si nos jugements antérieurs ont constitué des habitudes d'esprit qui, à leur tour, rendent possibles nos jugements actuels, faut-il en conclure que ces jugements antérieurs continuent ou plutôt recommencent indéfiniment leur
office et agissent en nous inconsciemment, comme facteurs
actuels de tous nos jugements conscients ? Il nous semble
qu'une fois l'habitude d'esprit constituée, les jugements qui
ont servi à la constituer ont terminé leur tâche ; par exemple,
une fois que je sais qu'à tel signe visuel correspond une distance de 400 mètres, je n'ai pas besoin de recommencer à
tout moment dans mon esprit les nombreux jugements qui
m'ont amené à cette conclusion. Il suffit que la conclusion
seule soit dans ma pensée, comme elle est seule dans ma
conscience : c'est uniquement cette conclusion qui me sert à
mesurer la distance ; je n'ai plus besoin, pour appliquer cette
conclusion, de penser aux prémisses d'où je l'ai tirée. Pour
qu'une maison solidement bâtie puisse m'abriter, il n'est pas
nécessaire que les maçons laissent autour les échafaudages
qui ont servi à la bâtir. Il en est de même de l'édifice de nos
connaissances : une fois une connaissance fixée irrévocable-
ment, l'échafaudage des raisonnements antérieurs disparaît.
Ces raisonnements ne continuent pas à se faire sans conscience ; ils ne se font plus, car ils ne serviraient plus à rien.

Il est donc vrai de dire, avec Wundt, que nos pensées sont des conclusions ; il est également vrai que ces conclusions sont appuyées sur je ne sais combien de conclusions précédentes ; mais, au moment où je pose une conclusion nouvelle, je ne pense qu'à celle qui précède immédiatement. Les prémisses ne sont plus dans la pensée ; elles ont créé des *habitudes* d'esprit ; et ce sont ces habitudes, non les pensées d'où elles résultent, qui demeurent dans les régions de l'Inconscient. C'est là tout ce qui résulte de la loi posée par Wundt ; c'est beaucoup d'avoir enrichi le domaine de l'Inconscient de nombreuses *habitudes* intellectuelles ; mais qu'il y ait des *pensées en acte* en dehors de la conscience, c'est ce qu'il n'a pas prouvé.

V

DOCTRINE DE HARTMANN.

Si grande que soit la part faite à l'Inconscient par les philosophes dont nous avons résumé les hypothèses métaphysiques ou les analyses psychologiques, ils ne sont, dit Hartmann, que des précurseurs [1] du système qui doit donner aux phénomènes leur seule explication véritable et « résoudre dans l'unité d'une doctrine supérieure les contradictions inhérentes aux doctrines du passé [2] ». Le principe de l'Inconscient n'est pas seulement, pour Hartmann, un des points les plus importants de la philosophie ; c'est le principe unique qui explique tout : la nature, la vie, la pensée, l'art, l'histoire ; l'Inconscient est la *cause absolue, l'Un-Tout* [3] ; c'est par lui, c'est en lui que nous vivons, que nous agissons, que nous sommes. L'Inconscient seul est Dieu ; et la nouvelle philosophie que Hartmann propose aux penseurs à venir est destinée à remplacer les philosophies comme les religions. C'est elle qui vient apporter à l'humanité la lumière, et en même temps le désespoir ; car le désespoir est la seule con-

1. Hartmann, *Philosophie de l'Inconscient* (traduction *Nolen*), 1er vol., p. 17 et suiv.
2. *Ibid.*, 1er vol., p. 3.
3. *Ibid.*, p. 4 et *passim*.

clusion possible d'un système où l'univers est attribué à l'acte aveugle d'une volonté inconsciente ; c'est la conclusion de Hartmann comme celle de Schopenhauer, son maître et son principal inspirateur.

Mais si la conclusion de Hartmann est identique à celle de Schopenhauer, Hartmann est bien supérieur à son maître comme psychologue, comme savant, et même comme métaphysicien. Au développement d'un système dont le principe est très arbitraire et la conclusion désespérante, Hartmann entremêle une foule de vérités aussi utiles que profondes (analyses psychologiques, esthétiques), qui peuvent se transporter entièrement hors du système de l'auteur ; on y trouve particulièrement une démonstration de la finalité dans la nature à laquelle le spiritualisme et la foi religieuse pourraient emprunter plus d'un argument décisif contre le matérialisme.

Cette différence entre Hartmann et Schopenhauer a son explication dans la modification apportée par le disciple au principe fondamental de son maître. Pour Schopenhauer, la volonté dont il fait la cause universelle est, à son origine, une *volonté absolument vide*[1], dépourvue non seulement de conscience, mais d'intelligence. L'intelligence, la pensée n'est apparue qu'avec la conscience elle-même, à titre de phénomène cérébral, et au moment seulement où la volonté s'est objectivée sous forme de cerveau. La pensée n'est qu'un pur accident ; cet accident s'est produit fort tard dans l'univers ; il s'ensuit qu'aucun calcul, aucune raison n'a présidé à la structure du monde ; il n'y a ni plan, ni ordre ; la finalité n'existe pas objectivement ; c'est la forme illusoire que prend à nos yeux l'unité de la nature[2]. Hartmann, au contraire, n'admet pas, même à l'origine, une volonté vide de toute pensée : la conscience, il est vrai, n'est apparue qu'avec le cerveau ; mais la pensée inconsciente a existé de toute éternité au sein de la volonté. Cette idée inconsciente est non seulement raison, mais elle est *raison et intelligence*

1. C'est sur ce point que portent toutes les critiques adressées par Hartmann à son maître (V. Hartmann, *ibid.*, 1er vol., p. 31, 33 et *passim*).

2. V. Schopenhauer, *Du monde comme volonté et comme représentation*, 1er vol., § 18 e 3e vol., ch. 26.

absolue ; c'est elle qui a dirigé la volonté dans l'organisation de l'univers : aussi tout est finalité, harmonie dans le monde ; tout manifeste un principe spirituel ; le monde est même le meilleur possible[1]. Sans doute, c'est un mal que le monde existe ; la volonté a mal fait de produire le monde ; mais du moins elle ne pouvait en produire un où l'harmonie des moyens et des fins fût plus complète, plus merveilleusement réalisée[2]. Il y aura donc nécessairement dans le système de Hartmann une théorie de la finalité, et elle y tiendra une place très importante.

L'étude de la *Philosophie de l'Inconscient* peut donc se ramener à trois chefs principaux[3] :

1° Théorie de Hartmann sur la *finalité* dans la nature.

2° *Psychologie* : étude des phénomènes inconscients dans l'homme.

3° *Métaphysique* : théorie de *l'Un-Tout* inconscient, doctrine du Pessimisme universel.

1° Théorie de la finalité.

Peu de philosophes ont mieux démontré que ne l'a fait Hartmann l'insuffisance du mécanisme matérialiste pour expliquer la nature et la vie. Oublions pour quelque temps la notion contradictoire qu'il se fait de la cause intelligente de l'univers, à la fois sagesse[4] et inconscience absolue ; et suivons-le dans l'examen des faits qui démontrent cette intervention d'une intelligence infiniment sage, infiniment puissante.

Il y a finalité, c'est-à-dire intervention d'une cause intelligente, toutes les fois qu'un moyen dont l'emploi a produit un certain effet, n'a sa raison suffisante dans aucune des

---

1. Hartmann, *Ibid.*, 2ᵉ vol., p. 340 et suiv.

2. *Ibid.* On voit donc que c'est un optimisme en réalité pessimiste.

3. C'est du reste le plan même de l'ouvrage de Hartmann. Le 1ᵉʳ vol. traite de la *Finalité* et de la *Phénoménologie* de l'Inconscient ; le 2ᵉ de la *Métaphysique de l'Inconscient*.

4. L'Inconscient, d'après Hartmann, est *sagesse* infinie, mais non pas *providence* au sens ordinaire du mot ; car *providence* signifie à la fois *sagesse* et *bonté*. Or l'Inconscient, *l'Un-Tout*, n'a que la sagesse et la toute-puissance ; Hartmann n'a jamais songé à lui attribuer la *bonté*.

circonstances matérielles actuellement présentes[1]. Par exemple, l'incubation est le moyen qui produit l'éclosion de l'œuf ; l'incubation et la nature de l'œuf suffisent pour expliquer mécaniquement l'éclosion ; mais rien n'explique *mécaniquement* pourquoi l'oiseau a couvé. Les circonstances matérielles qui précèdent l'incubation sont : 1° la présence et la nature de l'œuf ; 2° la présence et la nature de l'oiseau ; 3° la température. Mais si l'oiseau a pondu dans une serre chaude, il s'abstient de couver ; l'autruche, vivant dans les pays chauds, ne couve que la nuit. Donc ce n'est ni dans la présence de l'oiseau, ni dans celle de l'œuf qu'on peut trouver la raison suffisante de l'incubation. Sera-ce dans la température ? Mais quoi ! l'oiseau si vif, si amoureux du mouvement, renonce à sa vie remuante, pendant longtemps, d'une manière continue ; et ce sera l'action mécanique d'une température basse qui le déterminera à ce repos fatigant ! Il n'y a aucune relation entre la cause supposée et l'effet ; il faut donc expliquer le phénomène de l'incubation par l'action d'une cause intelligente ; c'est elle qui détermine l'oiseau à employer ce moyen, parce qu'elle veut atteindre un but, l'éclosion.

Plus les moyens employés sont compliqués, et plus la probabilité d'une cause intelligente augmente. La chance d'amener 6 en un coup de dé $= \frac{1}{6}$; la chance d'amener 6 en deux coups consécutifs $= \frac{1}{36}$. Or, dans la nature, les moyens qui concourent à rendre possibles la vie et les opérations des sens sont très compliqués. Ainsi, la vision exige une foule de conditions. Hartmann en compte *treize* principales (constitution de filets nerveux, leur relation avec le cerveau, avec la rétine, existence d'une chambre obscure, distance focale variable, etc., etc.). Peut-on expliquer la présence *simultanée* de toutes ces conditions par un simple mécanisme ? L'hérédité expliquera le fait, mais ce n'est que reculer la difficulté. En supposant qu'à l'origine chacune de ces conditions pût s'expliquer par un pur mécanisme, leur rencontre dans un même œil devient infiniment improba-

---

1. Hartmann, *ibid.*, 1er vol., p. 50 et suiv.

ble : soit, par exemple, la chance que chacune s'explique mécaniquement $=\frac{1}{4}$; la chance de leur rencontre sera égale à une fraction ayant pour numérateur 1 et pour dénominateur 4 à la treizième puissance. Encore Hartmann ne compte que treize conditions : il y en a bien plus ; car chacune est subordonnée à une foule d'autres.

Si de la formation des organes nous passons à l'instinct, le mécanisme est encore impuissant à l'expliquer. Les matérialistes expliquent l'instinct comme étant purement la conséquence de l'organisation physique. Mais « les ins- » tincts sont tout à fait différents, malgré la ressemblance » des organismes ». Ainsi, toutes les araignées ont les mêmes instruments pour tisser, et toutes ne font pas leur toile de la même manière. Les instincts des oiseaux sont très différents entre eux ; ils ont cependant presque tous les mêmes organes essentiels pour construire leurs nids (le bec, les pattes, etc.) ; leur chant varie suivant les espèces , et cependant la même variété ne se trouve pas dans la structure de leurs organes vocaux. « L'organisme explique seulement » l'aptitude générale au chant ou à la construction, mais » n'a rien à démêler avec les formes particulières sous les- » quelles ces habitudes se manifestent. » L'organisation est la *condition*, mais non la *cause* des actes instinctifs.

Où sera donc cette cause ? Dans l'impulsion du plaisir ? Mais cette impulsion n'expliquera pas pourquoi l'animal ne cède à l'instinct, et ne recherche le plaisir d'y céder que dans certaines conditions déterminées, et seulement quand il y a une fin désintéressée à atteindre (p. 91). La merveille n'est pas que l'araignée se débarrasse de la matière textile qui gonfle ses glandes, mais qu'elle ne s'en débarrasse qu'en filant une toile d'un tissu régulier. L'oiseau ne cherche le plaisir de couver (si l'on suppose qu'il y trouve du plaisir) que pendant le temps nécessaire, et dans les conditions nécessaires à l'éclosion de l'œuf[1]. Le choix du moment où l'instinct se met en œuvre est toujours un choix intelligent : « L'instinct attend

---

1. Hartmann observe d'ailleurs (p. 97) que le plaisir *suit* mais ne *précède pas* l'accomplissement de l'acte instinctif. Il ne peut donc expliquer l'instinct, *au moins à l'origine*.

» toujours que la perception lui apporte un motif d'agir, et lui
» apprenne que les circonstances extérieures lui permettent
» présentement la *réalisation du but*, à l'aide des moyens
» qu'il préfère » (p. 93). Entre la présence des circonstances
favorables qui donnent un but à l'acte d'instinct, et le besoin
que l'animal a d'exercer son instinct, il y a une *coïncidence* ;
or cette coïncidence, nul mécanisme ne peut l'expliquer, à
moins que ce ne soit un mécanisme fait tout exprès : et ce
serait encore une merveille de prévoyance et de calcul. Ce
mécanisme serait « comme une sorte de clavier ; les motifs
» (c'est-à-dire la présence des circonstances favorables) cor-
» respondraient aux touches frappées ; les actes instinctifs,
» aux sons produits ». A cette explication par un mécanisme
préétabli, œuvre d'une cause providentielle, Hartmann préfère l'action particulière d'une force intelligente qui agit dans
l'animal, à chaque instant, et qui varie son action suivant
le cas. Cette force, pour lui, est l'Inconscient; mais quelle
que soit l'explication, c'est toujours la pensée, ce n'est pas
le jeu des forces aveugles qui rendra raison de l'instinct et
de son adaptation aux circonstances.

Supposera-t-on que les mouvements d'instinct sont vou-
lus avec conscience par l'animal ? Les rapportera-t-on à son
intelligence, à son expérience, ou à celle de ses ancêtres ?
Mais les espèces qui ont les plus merveilleux instincts sont
celles où l'intelligence est à son *minimum* (p. 104). De plus,
si l'animal faisait par intelligence ce qu'il fait par instinct,
il serait, non seulement égal, mais très supérieur à l'homme.
En effet, l'homme ne connaît pas l'avenir ; s'il peut le prévoir, c'est par analogie, et en se fondant sur des expériences antérieures ; or l'instinct agit en vue de l'avenir, et d'un
avenir qu'aucune expérience antérieure ne peut faire prévoir (p. 107). La première fois qu'un être exerce un instinct
(la première fois, par exemple, qu'une poule couve), aucune
expérience ne lui permet de se représenter le fait futur qui
résultera de l'acte instinctif. Ainsi l'explication par l'intelligence ou l'expérience personnelle de l'animal est aussi in-
suffisante que l'explication par une causalité toute mécanique.

Reste l'explication par l'hérédité. Mais voici des phénomènes qui prouvent son insuffisance. Les animaux sauvages
fuient ceux qui pourraient les tuer : est-ce, à défaut de leur
expérience personnelle, l'expérience de leurs ancêtres, qui les
avertit du danger ? Une telle expérience ne se fait qu'au
prix de la vie, et ne peut par conséquent se transmettre par
hérédité. Ainsi s'évanouit la dernière explication mécanique
de l'instinct, et le matérialisme est absolument impuissant
à rendre compte des faits.

2° Psychologie de Hartmann.

Tout est réglé par l'Intelligence : voilà ce que Hartmann
a victorieusement établi ; seulement il suppose gratuitement
que cette intelligence est *substantiellement identique* au
monde. De ce principe arbitraire résulte tout le système de
l'Inconscient. En effet, cette raison identique à la nature, la
nature n'en a pas conscience. Elle est l'Un-Tout. L'âme humaine n'est pas un être distinct, personnel ; c'est une manifestation de l'*Un-Tout*, de l'*Absolu*, de l'*Inconscient*. C'est
cet esprit inconscient qui vit en moi, qui veut, qui pense
en moi. Ici encore, nous pouvons réserver la question
métaphysique pour concentrer tout d'abord notre attention
sur la question de fait. Y a-t-il dans l'homme des faits inconscients ? ces faits sont-ils, ou non, les modifications d'une
force spirituelle, bien qu'inconsciente ?
Cette force spirituelle, dit Hartmann, se manifeste en nous,
et se manifeste sans conscience : 1° par son action vivifiante et curative ; 2° par les mouvements réflexes ; 3° par
l'exécution inconsciente des mouvements qui concourent à
réaliser l'acte volontaire ; 4° par nos sentiments, notre caractère ; 5° par une foule d'actes intellectuels, et spécialement par le jugement *esthétique* ; 6° par son influence sur
la volonté individuelle, et en général sur la marche de toute
l'humanité.
1° C'est une force spirituelle qui a créé la vie, une force
spirituelle qui l'entretient, qui la préserve, la défend contre
les forces destructives de la matière. « Il y a des instincts

» plastiques et constructeurs, comme la force organique qui
» agit à l'intérieur du corps ; ils travaillent d'après des idées
» fixes qui doivent être comme des éléments intégrants du
» type spécifique [1]. » La vie résulte, il est vrai, de la nature des tissus organiques ; mais d'où vient que ces tissus existent ? Pourquoi la matière inanimée s'est-elle trans-
formée en êtres vivants ? N'est-ce pas en vertu d'une fin ?
D'ailleurs, ces tissus organiques ne peuvent résulter uniquement des forces physiques et chimiques ; car ces forces ont
précisément pour effet de tendre à la destruction des tissus organiques ; si elles ne réussissent pas à les détruire,
c'est parce qu'une force hyperorganique, l'âme, réagit contre l'action délétère des forces matérielles. La conservation
de la vie ne peut s'expliquer que « par une somme infinie de
» petites réactions contre la tendance naturelle à la décom-
» position, au relâchement des éléments organiques, et ces
» réactions ne peuvent provenir que de la volonté (p. 219) ».
A la volonté substituons la force vitale de l'âme ; nous aurons l'animisme de Stahl. Si le corps se décompose dès que
l'âme l'a quitté, il est clair que la présence de l'âme défendait
seule le corps contre la décomposition. Sans ces réactions de
l'âme dont parle Hartmann, comment expliquer que les organes ne se détruisent pas eux-mêmes par leur propre travail ?
Ainsi l'estomac sécrète le suc gastrique, dont la propriété est
de digérer les matières végétales et animales : d'où vient que
le suc gastrique n'exerce pas son action décomposante sur
l'estomac lui-même ? Ce puissant dissolvant qui digère la
chair crue aussi bien que la chair cuite, en quelques heures,
ne peut, pendant toute la durée de la vie, digérer l'estomac
où il réside. S'il n'y a plus une force spirituelle qui intervient pour neutraliser, quand il le faut, l'action chimique,
le phénomène est non seulement inexplicable, mais contradictoire (p. 176).

Cette force spirituelle, non seulement travaille à la conservation de l'organisme, mais encore sert à le réparer quand
il est altéré. Hartmann s'étend longuement sur cette *vertu
curative* de l'âme. Chez beaucoup d'animaux inférieurs,

1. *Ibid.*, 1er vol., ch. 8, p. 205.

un membre cassé ou enlevé peut repousser (p. 162). Chez les pigeons à qui l'on a enlevé les hémisphères cérébraux, les fonctions intellectuelles, dont les hémisphères étaient le siège, reparaissent au bout d'un certain temps. Mais ce qui est encore plus curieux, c'est qu'après la régénération de l'intelligence, la régénération des hémisphères commence à se produire [1]. Ainsi, même chez les animaux assez élevés dans l'échelle des êtres, la vertu curative de l'âme se manifeste d'une manière merveilleuse. L'influence de l'imagination chez les malades, et surtout l'influence de leur volonté sur la guérison, sont des exemples de la force médicative de l'âme.

2° Les mouvements réflexes, si importants pour la conservation de l'être, ne peuvent pas non plus s'expliquer par un simple mécanisme matériel. Ces mouvements résultent d'une sensation ; le mouvement se transmet du nerf sensitif excité au nerf moteur, par l'intermédiaire de la moëlle épinière. Il semble donc qu'il y ait là une simple action mécanique ; mais en y réfléchissant, on se demande pourquoi l'excitation du nerf sensitif, une fois parvenue à la moëlle, prend telle ou telle direction, plutôt que telle autre ; pourquoi, au lieu de s'égarer dans n'importe quel nerf moteur voisin, elle se communique à celui dont le mouvement produira une réaction utile. Hartmann multiplie les exemples de ces mouvements d'appropriation ; il compte parmi les mouvements réflexes les actes involontaires, produits par l'imitation des gestes, de la voix (p. 145), les mouvements pour parer un coup, les mouvements pour rétablir notre équilibre, l'élan que nous prenons avec une sûreté presqu'infaillible pour sauter un fossé, sans avoir eu le temps de calculer la largeur du fossé et l'intensité de notre effort. Il y a là une action de l'âme, consciente du résultat, inconsciente dans le choix des moyens.

3° La même action inconsciente de l'âme explique les mouvements intermédiaires qui s'accomplissent entre le commandement de ma volonté et le moment où j'atteins le

---

1. *Ibid.*, p. 165. Hartmann cite à ce sujet une expérience du physiologiste Voit.

but voulu. Je veux lever mon petit doigt ; il se lève. Est-ce
ma volonté qui remue directement le doigt ? Non. Je mets
en mouvement l'extrémité de certains filets nerveux : lesquels ? Je l'ignore ; mais, sans le savoir, je remue ceux qui
produiront l'effet voulu [1]. L'intention purement mentale de
lever le petit doigt ne peut agir d'une manière immédiate
sur les racines des nerfs ; l'impulsion pure de la volonté
serait absolument aveugle, si un principe inconscient ne
la guidait. Supposons un homme ignorant en musique ; il
désire faire entendre un air sur le clavier, mais il ne sait
pas sur quelles touches du clavier il faut frapper pour produire l'air en question ; or, voici que l'air se fait entendre à
son commandement ! Il y a de quoi crier au prodige. Le prodige n'est pas moins grand quand mes nerfs, que ma volonté ne connaît pas, entrent en mouvement au commandement de ma volonté. Il faut, pour expliquer ce fait, admettre
qu'une cause spéciale intervient à mon insu ; elle détermine
le choix de la touche sur laquelle il est nécessaire d'appuyer,
ou — à parler sans métaphore — elle choisit les racines
nerveuses dont le mouvement produira l'effet voulu (p. 81).
Cette cause, c'est l'âme ; elle sait, sans en avoir conscience,
quelles sont les racines nerveuses à mettre en mouvement,
comment il faut s'y prendre pour mouvoir celles-là seules
et non les autres. Sans doute, je veux le but avec conscience ;
mais l'inconscience est absolue quant au choix des moyens ;
et, pour être inconscient, ce choix n'en est pas moins admirable d'intelligence et de précision.

4° Les actes psychiques, que Hartmann vient d'analyser
en éléments inconscients, — instincts, mouvements d'a-
daptation, direction des fonctions organiques, — sont communs à l'homme et à l'animal. Dans les actes qui appartiennent plus spécialement à l'homme, la part de l'Inconscient
n'est pas moins grande. Hartmann trouve partout l'action
de cette force latente ; elle produit nos sentiments, nos pensées, notre volonté elle-même.

Notre caractère, dit-il, et en général toutes nos tendances
ont leur cause dans une foule d'états inconscients. N'y a-t-

1. *Ibid.*, 1er vol., p. 281, 282.

il pas souvent des tristesses vagues, dont nous ne saurions en aucune façon dire la cause[1] ? La tendance générale à la gaieté ou à la tristesse tient à certaines habitudes d'esprit qui, à leur tour, ont leurs causes dans des pensées oubliées. Si nous sommes tristes, c'est que notre volonté est contrariée ; et si nous ignorons en quoi elle est contrariée, c'est que nous ignorons ce que nous voulons. Il y a donc des volontés inconscientes ; or toute volonté renferme une idée. Ainsi « le plaisir ou la peine, dont la volonté inconsciente » est la source, se lient à des sentiments vagues dont la » qualité dépend totalement ou en partie des *idées incons-* » *cientes* ».

5° L'argumentation de Hartmann, pour prouver la réalité des idées inconscientes, peut se ramener aux cinq chefs suivants :

Quand le souvenir revient, en vue d'un besoin déterminé, ce n'est pas la pensée consciente qui peut expliquer ce retour.

Quand nous reconnaissons un objet, c'est en vertu d'une série de raisonnements inconscients.

L'abstraction, la généralisation supposent également une foule d'opérations inconscientes. Souvent, même, nous raisonnons par intuition, avec une inconscience absolue des prémisses.

Toutes les catégories *a priori* de la pensée, en particulier celle d'espace, préexistent à la conscience.

Enfin le jugement esthétique est l'œuvre de l'Inconscient[2].

Suivons Hartmann dans le développement de ces différentes assertions, et commençons par étudier avec lui le retour du souvenir.

« La conscience », dit-il, « ne connaît pas tous les sou- » venirs qui sommeillent dans l'esprit » ; ce n'est donc pas elle qui va chercher, qui découvre, qui choisit, parmi la foule des souvenirs, celui-là même dont j'ai besoin[3]. C'est donc l'Inconscient qui « peut seul opérer le choix convenable ».

1. *Ibid.*, p. 280.
2. Hartmann, *Ibid.*, ch. VII (De l'Inconscient dans l'esprit humain).
3. *Ibid.*, 1ᵉʳ vol., p. 332.

Hartmann, il est vrai, nous avertit de ne pas prendre à la
lettre l'expression de « souvenirs endormis ». Ce ne sont pas
précisément des *pensées* ; c'est une « *prédisposition* inconsciente des molécules cérébrales à certains états vibra-
toires[1] ». Mais il ajoute : « C'est la réaction de l'Inconscient
» qui, selon le cas, associe telle ou telle pensée consciente
» à ces vibrations ». Et comme cet Inconscient, qui réveille
l'idée dans mon cerveau, n'est pour Hartmann que l'Un-Tout,
l'Esprit universel dont mon esprit n'est qu'une manifestation,
on peut dire, en un certain sens, que le souvenir perdu était
en moi sans conscience.

Du *retour* du souvenir, Hartmann passe au phénomène
de la *reconnaissance*. Lorsque je vois un objet pour la seconde fois, à quel signe reconnais-je que je l'ai déjà vu ?
C'est que l'âme, dans ce cas, voit « deux images, une vive,
» et une faible, et la seconde un moment après l'autre[2] ».
Mais à quoi l'âme connaît-elle que l'image faible n'est qu'un
souvenir ? Elle le connaît, dit Hartmann, par son expérience
passée ; elle se rappelle avoir remarqué qu'après la disparition des objets réels il en restait de faibles images dans l'esprit. De ce souvenir, comparé à la double impression actuelle, résulte la *reconnaissance*. Or il y a là un travail, un
raisonnement dont je n'ai pas conscience.

Comme autres exemples de travail intellectuel inconscient, Hartmann cite ensuite l'abstraction, la généralisation[3], les inductions et les déductions rapides, grâce auxc-
quelles l'esprit conclut comme par intuition et franchit d'un
seul bond plusieurs propositions intermédiaires.

Comment arrivons-nous à l'idée générale ? Il faut, dit
Hartmann, que l'âme possède préalablement l'idée de ressemblance, celle de différence ; or nous ne les possédons
que sans conscience, jusqu'au moment où nous les appliquons dans l'acte de la généralisation[4].

Le travail inconscient qui produit le raisonnement est

1. *Ibid.*, note de la page 332. Voir aussi 1er vol., p. 36, 37.
2. *Ibid.*, 1er vol., p. 337.
3. *Ibid.*, p. 335 à 340.
4. *Ibid.*, p. 336.

encore plus remarquable. Ce travail se manifeste par ses résultats, chez le savant qui devine une vérité, avant d'en avoir trouvé la démonstration [1] : en effet, les mêmes idées qui se déroulent dans la logique consciente, « les mêmes » éléments logiques sont contenus dans l'intuition de l'in- » conscient » ; seulement ils sont « rassemblés en un seul instant ». A cette intuition du savant on peut comparer l'in- tuition de l'enfant ou de l'ignorant qui, en voyant une fi- gure de géométrie, saisit la vérité du théorème par les yeux, sans être capable de la démontrer. Telle est aussi l'intuition — c'est-à-dire le raisonnement instantané et in- conscient — du joueur d'échecs : « il calcule, après trois ou » quatre coups, que tel coup et tel autre auront un résul- » tat heureux ; mais il ne s'arrête pas aux cent mille coups » possibles. » Ces mots : « il ne s'y arrête pas », signifient qu'il les pense, mais sans conscience. Ce *processus* de l'in- conscient, qui traverse, en un temps infiniment court, tous les intermédiaires logiques, est le même qui travaille dans le jeune singe, encore sans expérience, calculant avec une exactitude mathématique l'élan nécessaire pour sauter un fossé ; c'est le même qui calcule dans l'abeille la construc- tion d'un hexagone régulier. La logique inconsciente est donc la loi de la nature comme elle est la loi de l'esprit hu- main.

Enfin le génie, l'invention est l'œuvre de l'Inconscient[2]. Ce n'est ni l'effort ni la patience qui donnent l'inspiration, c'est une série de pensées inconscientes qui la prépare : « L'ar- » tiste n'agit, par rapport à l'objet de sa production, que » sous l'empire d'une force qui le *contraint à dire ou à* » *représenter* des choses qu'il ne comprend pas lui-même » parfaitement, et qui ont un sens infini. »

A l'appui de sa théorie sur l'inconscience de l'inspiration, Hartmann cite une lettre de Mozart. « Vous me demandez » comment je travaille », écrit le célèbre artiste à un ami. « Quand je me sens bien... ou dans la nuit, quand je ne » puis dormir, les pensées me viennent en foule, et le plus

1. *Ibid.*, p. 347, 348.
2. *Ibid.*, 1er vol., p. 307, 308.

» aisément du monde. D'où et comment me viennent-elles ?
» Je n'en sais rien ; je n'y suis pour rien… Tout cela, l'inven-
» tion et l'exécution, se produit en moi comme dans un beau
» songe distinct [1]. »

6° Si l'Inconscient inspire nos pensées, il n'inspire pas
moins, d'après Hartmann, nos actions volontaires. La volonté
n'est pas la liberté : c'est une *résultante* des actions et des
réactions mutuelles exercées en nous par des motifs inconscients [2]. Il se fait en moi un travail latent de délibé-
ration ; je ne le connais que par son résultat définitif. La décision de la volonté s'élabore « dans ces profondeurs de
» l'âme que la conscience n'éclaire pas, où s'effectue la rela-
» tion de la volonté avec les motifs, le passage à la détermi-
» nation ».

Nous ne connaissons donc pas le fond de notre volonté ;
nous ne connaissons pas notre caractère, notre moralité ;
nous n'en pouvons juger que par induction, et en raison-
nant sur nos actes. L'homme ne se connaît que comme il
connaît son prochain, indirectement, très incomplètement,
et souvent fort mal.

Si l'Inconscient agit dans les volontés individuelles, il agit
par cela même sur l'ensemble des événements de l'humanité. L'histoire n'est donc au fond qu'un drame dont l'Inconscient est l'acteur [3]. Ce fatalisme historique rappelle
celui de Hegel. Il y a cependant une différence : dans le système de Hegel, les causes et les effets s'enchaînent fatalement ; mais la philosophie de l'histoire peut les connaître.
Au contraire, dans le système de Hartmann, ces causes étant
profondément cachées dans l'Inconscient, on ne voit pas
comment la philosophie de l'histoire sera possible.

3° Métaphysique de l'inconscient.

Toute la psychologie de Hartmann aboutit à cette double
conclusion : la pensée et la volonté sont susceptibles d'exis-

1. Cité par Hartmann, 1er vol., p. 308, 309 en note.
2. *Ibid.*, 1er vol., p. 291 et suiv.
3. *Ibid.*, 1er vol., ch. 10.

ter, d'agir *sans conscience* ; elles ne sont conscientes que *par accident*.

La métaphysique de Hartmann est la conséquence naturelle de cette doctrine psychologique. Mais elle procède en même temps de toute la tradition philosophique qui a régné en Allemagne depuis Fichte, Schelling et Hegel. Si, comme l'enseigne le monisme, il n'y a qu'une substance, si Dieu et le monde, la cause et les phénomènes sont indistincts, identiques, et si en même temps la cause est intelligente, l'effet sera intelligent comme elle. Le monde ne sera pas l'œuvre d'un artiste qui en a conçu le plan ; il sera lui-même l'artiste ; en lui, et non hors de lui, résidera l'*idée directrice*. Ainsi la pensée est partout, la volonté est partout ; ou plutôt, tout n'est que pensée et volonté : et puisque la conscience n'est pas partout, c'est qu'elle n'est pas essentielle à la pensée ni à la volonté.

On a vu comment par cette intelligence inconsciente, immanente au monde, Hartmann explique la finalité. Que la finalité existe, que le matérialisme soit insuffisant à expliquer les phénomènes, c'est ce qu'il a parfaitement démontré ; et cette démonstration, renouvelée dans sa forme et dans ses détails par la science moderne, dont s'inspire Hartmann, est un grand service rendu à la philosophie, surtout après les négations radicales de la *finalité* que l'on trouve dans l'œuvre de Schopenhauer [1]. Mais pourquoi rejeter l'antique explication spiritualiste de la finalité par une volonté distincte du monde et consciente d'elle-même ? Par quels arguments Hartmann s'efforce-t-il de repousser cette explication, conforme à la foi du genre humain, pour lui préférer l'hypothèse de la finalité immanente et inconsciente ? Par quelles raisons essaie-t-il d'établir la supériorité de l'Esprit inconscient, de l'Un-Tout impersonnel, sur le Dieu personnel que le christianisme adore, que Platon, que Descartes, que Leibnitz démontrent, que Kant lui-même reconnaît comme le postulat de la loi morale ? C'est ce qui nous reste à examiner.

---

1. *Du monde comme volonté et comme représentation*, 3e vol., ch. 26, p. 141 et suiv. La finalité, pour Schopenhauer, n'est qu'une vue subjective de l'esprit humain (p. 141).

Les arguments de Hartmann peuvent se ramener à deux principaux :

1° La conscience est une forme inférieure de l'intelligence ; loin d'être une perfection, c'est un malheur ; c'est le principe de toute souffrance.

2° La conscience n'est qu'une fonction organique ; par conséquent elle ne peut exister que chez l'homme et l'animal (tout au plus un peu dans le végétal). Elle n'a donc pu apparaître qu'au moment où l'Un-Tout s'est manifesté sous la forme de cellules vivantes.

Ces principes posés, c'est rabaisser Dieu que de lui attribuer la conscience [1]. Dieu possède « une intelligence supraconsciente ». Cette intelligence est « omnisciente, souverainement sage, et supérieure à la conscience ».

En quoi donc l'absence de conscience est-elle une supériorité ? C'est que, dit Hartmann, la conscience est une limitation. « Sans doute, pour l'homme, la conscience et la
» personnalité sont une perfection ; mais seulement une
» perfection relative. Pour réaliser complètement les fins
» de notre être individuel, nous devons séparer le plus profondément possible notre personne des choses extérieu-
» res. Mais, en soi et pour soi, la conscience n'est pas une
» perfection. Elle constitue un manque, une perturbation
» dans la paix absolue où s'exerce la clairvoyance intuitive
» de l'Inconscient, enfin comme un déchirement dans les
» attributs de l'Un-Tout [2]. »

Ce déchirement, c'est l'opposition du sujet et de l'objet. « Une telle opposition suppose que l'activité totale de l'Un-
» Tout s'est brisée, pour faire place à la multiplicité de l'individuation. » Ainsi la conscience, ou plutôt les individus doués de conscience, seraient comme des morceaux d'une glace brisée qui, s'opposant pour la première fois les uns aux autres, se réfléchiraient mutuellement.

Quand et comment s'est fractionnée l'unité de l'Inconscient, non pas sans doute en substances multiples, mais en manifestations multiples ? C'est au moment où est apparue

1. Hartmann, *Ibid.*, 2ᵉ vol., p. 217.
2. *Ibid.*, p. 218 et suiv.

la matière ; et cette apparition de la matière n'est pas autre chose que l'acte aveugle, l'acte déplorable, l'acte insensé commis par la volonté inconsciente [1].

On sait que, pour Hartmann, l'Inconscient est à la fois volonté et intelligence. Seule, l'intelligence est sagesse parfaite ; la volonté n'a pas la sagesse ; elle n'a que la toute-puissance en partage. Elle peut ce qu'elle veut ; mais elle ne veut pas toujours ce qui est le meilleur. La volonté a donc voulu produire : or elle ne peut produire que des volontés. Ces volontés, en se multipliant, se diversifient ; elles s'opposent les unes aux autres. En s'opposant, elles se mettent en lutte ; et ces conflits perpétuels sont précisément les éléments constitutifs de la matière [2]. Qu'est-ce en effet que la matière, si ce n'est un conflit de forces exerçant les unes sur les autres des attractions ou des répulsions ? Or toute force est une volonté.

La lutte de ces volontés est la première occasion de la conscience, comme elle sera la cause du malheur attaché à toute existence [3]. L'acte déraisonnable que la volonté a commis en créant le monde a révolté l'Intelligence. De cette révolte, de cette stupéfaction est née la conscience. Il semble donc que la conscience, d'après cette explication, aurait dû naître avec l'atome matériel inorganique, puisque la lutte des forces (ou, comme dit Hartmann, la lutte des volontés) commence avec la production du multiple et du divers. Cependant, comme aucun indice ne nous révèle la présence de la conscience dans la matière inanimée, Hartmann retarde son apparition jusqu'au moment où a été produit le premier être organisé [4]. Dans les plantes, il y a déjà probablement une faible lueur de conscience [5]. Elles n'ont pas de nerfs, il est vrai ; mais, dès qu'il existe un *protoplasma*, la conscience doit apparaître plus ou moins. Dans les centres nerveux, dans les ganglions, s'élabore une conscience un

1. *Ibid.*, 2ᵉ vol., p. 349.
2. *Ibid.*, 2ᵉ vol., p. 134, 135.
3. *Ibid.*, p. 349, 350 et *passim*.
4. *Ibid.*, 2ᵉ vol., p. 21 et suiv. et p. 219.
5. *Ibid.*, 2ᵉ vol., ch. IV, p. 85, 112, 114.

peu plus complète [1]. Mais la conscience, telle que nous la concevons d'après notre expérience propre, la conscience complète et distincte est une fonction du cerveau ; et puisqu'il n'y a pas de conscience sans cerveau, on ne saurait, conclut Hartmann, « prêter une conscience transcendante et » unique à l'âme du monde [2]. »

Toutefois, à la personnalité divine et à l'existence d'un créateur doué de conscience Hartmann oppose un second argument, plus sérieux, au moins en apparence : c'est l'objection du mal. Mais, en présentant cette objection, il l'exagère ; elle n'est insoluble que parce qu'il élimine préalablement les deux éléments de solution, à savoir le libre arbitre, qui explique le mal moral, la vie future, qui compense, qui répare le mal physique et les douleurs de l'épreuve. Tout est mal, répète-t-il après Schopenhauer, car l'existence est un mal par elle-même. L'être, en venant à la conscience du *moi*, devient égoïste, et l'égoïsme, en devenant la loi de l'être, rend le mal inévitable partout et toujours. En vain l'homme espère arriver un jour à diminuer la somme de ses douleurs dans la vie présente [3]. Illusion ! En vain il espère une compensation dans la vie future. C'est le second stade de l'illusion ; les religions sont mortes, et l'espérance avec elles ; le monisme, qui doit les remplacer, grâce aux progrès de la pensée, ne permet plus de croire à l'immortalité personnelle. En vain, encore, à défaut du bonheur individuel, des penseurs promettent le bonheur à l'humanité future. C'est le troisième et dernier stade de l'illusion. En effet, plus l'humanité avance dans la voie du progrès, plus elle prend conscience d'elle-même, et mieux elle connaît sa condition misérable. Le seul remède, ce serait que la volonté cessât de vouloir [4] (on reconnaît ici les idées mêmes de Schopenhauer à peine modifiées). Si donc le monde est si mauvais, n'est-il pas l'œuvre d'une Volonté inconsciente ?

1. *Ibid.*, p. 20 et suiv.
2. *Ibid.*, 2e vol., p. 219.
3. *Ibid.*, 2e vol., p. 430 et suiv.
4. *Ibid.*, p. 487 et suiv.

4° Critique du système de Hartmann.

Dans un système si vaste, si plein de vérités profondes et d'hypothèses plus que téméraires, comment n'y aurait-il pas beaucoup à louer et beaucoup à critiquer?

Ce qui restera du système de Hartmann, c'est sa théorie de la finalité ; elle est fondée sur les faits, en même temps que sur les principes incontestables de la raison. Peu de philosophes ont mieux parlé de l'instinct. Mais, si l'auteur a évidemment raison d'en chercher l'explication dans une intelligence infaillible, pourquoi supposer que cette intelligence, dont l'animal n'a pas conscience, est également inconsciente d'elle-même ? De ce que le mobile n'a pas conscience du moteur, s'ensuit-il que le moteur soit inconscient ?

On peut regretter également qu'aux merveilles réelles de l'instinct, dont l'énumération remplit tout un chapitre[1], Hartmann ajoute un certain nombre de faits imaginaires, tels que les *pressentiments*, et le don de *seconde vue*. Nous n'en discuterons pas la réalité : nous constaterons seulement que, dans le système de l'auteur et, en général, dans tout système moniste, des faits de ce genre doivent sembler tout naturels. En effet, si mon esprit est identique en substance à l'esprit des autres hommes et à l'esprit universel, il se peut que j'aie conscience de la pensée d'autrui aussi bien que de ma propre pensée ; la seconde vue est l'acte de l'Un-Tout qui a conscience en moi de ce qu'il pense dans les autres. Les pressentiments ne s'expliquent pas moins naturellement ; c'est l'Intelligence universelle qui prend conscience en moi de ses propres idées, et des événements à venir dont le dessein est tracé par avance dans sa pensée.

Au sujet de la psychologie et de la métaphysique, il y a encore plus de réserves à faire. Les preuves que Hartmann apporte en faveur de l'intervention de l'Inconscient dans la pensée humaine sont-elles concluantes ? Examinons d'abord les arguments qu'il emprunte aux lois de la mémoire.

---

1. 1er vol., ch. 3.

Le rappel du souvenir est-il donc inexplicable par les lois connues de l'association ? Est-il besoin que l'Inconscient intervienne comme un *Deus ex machinâ*. Je cherche une idée qui a pour moi un intérêt spécial : comment la retrouver, demande Hartmann, dans la foule de tous mes anciens souvenirs ? L'Inconscient seul, dit-il, peut la découvrir. — Il nous semble, au contraire, que cette hypothèse d'un inspirateur latent et d'une suggestion inconsciente est une supposition inutile. Il s'agit de retrouver un souvenir qui, dans le cas actuel, a un intérêt particulier pour moi. Par exemple, je veux me rappeler le théorème de Pythagore : je me rappelle l'énoncé ; j'en ai conscience ; mais j'ai oublié la démonstration. S'il n'y avait aucun rapport entre le souvenir perdu et le fragment de souvenir qui me reste, entre l'énoncé que je me rappelle et la démonstration que je cherche, je n'aurais pas même l'idée de chercher cette démonstration. Mais, comme l'énoncé et la démonstration ont un rapport qui m'a frappé jadis, et comme je les ai pensés ensemble, il suffit, d'après les lois connues de l'association, de fixer dans ma pensée le terme connu pour faire revenir le terme inconnu. De même, j'ai oublié le mot qui finit un vers ; mais je me rappelle le sens de ce mot ; je me rappelle qu'il rime avec le vers précédent, qu'il a un certain nombre de syllabes exigé par la mesure : étant donnés ainsi tous ces termes, le sens, la longueur, le son final, j'ai les éléments nécessaires pour retrouver le mot. Le raisonnement vient d'ailleurs ici en aide à l'association : ainsi les souvenirs à retrouver sont des inconnues dont j'ai l'équation. J'ai pleine conscience de la méthode que je suis pour résoudre le problème ; car je peux dire presque toujours quelle marche j'ai suivie pour arriver au but : et, dans les cas assez rares où les souvenirs me reviennent sans que je sache comment, ce retour peut très bien s'expliquer par des vibrations cérébrales involontaires.

En résumé, les deux facteurs des souvenirs retrouvés sont : 1° une prédisposition cérébrale ; 2° un travail méthodique de l'esprit. La prédisposition cérébrale est sans doute inconsciente ; mais le travail de l'esprit est accompagné de conscience ; la conscience est d'autant plus vive que ce travail est plus grand. Tout s'explique donc sans l'intervention de cet inspirateur inconnu que Hartmann suppose en nous et qui jouerait le rôle d'un souffleur pour nous remettre en mémoire le souvenir perdu [1].

Il n'y a donc, en somme, d'inconscient, dans nos états de mémoire, dans le retour des idées, que nos tendances innées ou acquises. Il en est de même des opérations de l'entendement : la faculté d'abstraire, de généraliser, de raisonner est innée en nous, et par conséquent inconsciente ; mais l'opération intellectuelle ne se fait pas sans conscience ; elle dépend de nos efforts présents, qui sont conscients, ou de nos efforts passés, qui ont été conscients, et qui ont créé des habitudes d'esprit. Hartmann demande pourquoi l'homme de génie trouvera mieux qu'un autre les vraies lois de la nature, si ce n'est pas l'Inconscient qui généralise en lui ; c'est parce qu'il a exercé, en pensant beaucoup, et en pensant avec conscience, les puissantes facultés qu'il a reçues.

Même distinction à faire pour le raisonnement. La raison, les principes premiers, sont en nous à l'état de lois inconscientes, de formes de la pensée ; leur présence dans l'âme précède tout jugement conscient. Mais ces connaissances innées ne sont, comme Leibnitz l'a bien reconnu, que des virtualités, et non pas des actes de l'esprit. La question qui reste toujours ouverte, c'est l'inconscience de l'acte intellectuel, du jugement, du raisonnement.

Lorsque le savant devine une vérité par intuition, et quand il passe en un moment des principes aux conséquences les plus éloignées, est-il vrai qu'il pense inconsciemment tous les intermédiaires logiques ? C'est une hypothèse inutile ; car

1. Hartmann fait honneur à ce souffleur caché des traits d'esprit soudains qui jaillissent à propos (*Ibid.*, 1er vol., p. 315, 316). Mais ces traits d'esprit, s'ils ne sont pas le fruit d'une réflexion actuelle, ne sont-ils pas le fruit de nos réflexions passées, de nos lectures, de nos habitudes d'esprit ? Le genre d'esprit de chacun dépend en partie de son milieu, de son éducation ; il y a un tour d'esprit particulier à telle ou telle profession, à telle ou telle époque. Si c'est l'Inconscient qui fait ces traits d'esprit, pourquoi les fait-il presque toujours au goût du milieu où nous vivons ? Pourquoi ce souffleur impersonnel parle-t-il à chacun de nous d'après nos habitudes personnelles de langage ?

ces divinations apparentes, ces conclusions presque immédiates s'expliquent très naturellement par les lois connues, sans recourir à l'Inconscient. Tantôt l'esprit passe du principe à la conclusion par une simple analogie, et par conséquent sans suivre le fil de toutes les propositions intermédiaires ; en ce cas, il ne pense ces propositions ni avec conscience ni sans conscience. D'autres fois l'esprit pense chacune de ces propositions intermédiaires avec conscience, quoique très rapidement ; l'habitude permet à la pensée consciente cette rapidité. Enfin il se présente un troisième cas ; c'est peut-être le plus ordinaire. L'esprit pense seulement quelques-uns des intermédiaires, et la loi qui les relie entre eux : or chacune de ces pensées est encore consciente.

Le premier cas — celui de la divination par analogie — est fréquent chez les inventeurs. La plupart des lois de la nature ont été devinées et posées à titre d'hypothèses, avant d'être démontrées ; et c'est presque toujours l'analogie de la loi supposée avec les lois déjà connues qui a mis le savant sur le chemin de l'hypothèse. Mais ce n'est pas seulement dans l'ordre des faits et des lois physiques que l'analogie a servi à conjecturer la vérité, avant toute démonstration. En géométrie, une foule de vérités *sautent aux yeux* — surtout à la vue de la figure — bien avant la démonstration. Un enfant verra un triangle équilatéral ; demandez-lui si les trois angles sont égaux comme les trois côtés ; il répondra que « cela se voit », et cependant il ne pourra le démontrer. Hartmann suppose qu'il en connaît inconsciemment la démonstration. Evidemment non ; il ne la connaît pas du tout ; seulement il trouve qu'il y a analogie entre la grandeur des côtés et celle des angles ; l'idée de cette analogie est l'unique intermédiaire qu'il franchisse pour arriver à la conclusion (peu logique, il est vrai) ; et il a parfaitement conscience de songer à cette analogie. Le premier qui a démontré que « dans tout triangle scalène au plus grand angle est opposé » le plus grand côté », a deviné cette vérité avant d'en avoir trouvé la preuve. C'est encore ici l'analogie qui lui a fait supposer ce rapport ; ensuite, il a cherché et trouvé la démonstration. L'esprit ne commence donc pas toujours par suivre la voie sûre, mais longue, qu'exige la logique ; il abrège la traversée — sauf à se tromper — par la voie de l'hypothèse : la démonstration sert ensuite de vérification. Ainsi s'explique souvent la rapidité de la pensée.

D'autres fois, au contraire, cette rapidité s'explique uniquement par l'habitude. L'esprit prend le chemin le plus long, celui du raisonnement logique ; il passe par tous les intermédiaires ; mais, habitué à percevoir très vite les rapports des choses, il s'arrête à peine sur chacun de ces intermédiaires : cependant, si vite qu'il passe, il peut arriver à les remarquer tous. Ainsi je peux penser la suite des vingt ou trente premiers nombres, en les remarquant tous, et cela en un temps extrêmement court. La preuve que je les pense bien tous avec conscience, c'est que je peux, à volonté, passer ceux qu'il me plaira. Le joueur d'échecs voit presque instantanément plusieurs coups de suite ; il les voit non seulement avec conscience, mais avec une grande attention. Un mathématicien, en face d'un problème de géométrie, en trouvera souvent la solution raisonnée en quelques instants : il semble qu'il y ait inspiration ; et cependant voici comment les choses se passent. Suivant la donnée du problème, le mathématicien a reconnu que le problème se rapporte à tel ou tel livre (par exemple, au 3e livre de la géométrie). Grâce à l'habitude d'étudier ou d'enseigner, il repasse l'un après l'autre dans son esprit, avec une inconcevable rapidité, tous les énoncés des théorèmes du 3e livre ; dès qu'il a pensé aux théorèmes duquel dépend la solution du problème proposé, il trouve, construit et combine sans peine des lignes, des figures, dont la simple inspection lui montrera la solution cherchée. Tout cela ne demande qu'un temps très court ; et cependant, après avoir résolu le problème, le géomètre n'aura aucune peine à retrouver toute la série des intermédiaires par lesquels son esprit a passé ; donc il a eu conscience de chacun de ces intermédiaires.

Enfin le cas le plus fréquent est le suivant : s'il y a entre le principe et la conséquence, entre la question et la solution un très grand nombre d'intermédiaires réunis ensemble par une loi, je pense seulement un très petit nombre de cas intermédiaires, et la loi ; cela me suffit pour conclure. Et il n'y a pas besoin de supposer que j'aie pensé inconsciemment les intermédiaires supprimés ; je ne les ai pas pensés du tout. Par exemple, on demande à un écolier encore novice en mathématiques quelle est la 27e puissance de 10 ; il hésitera d'abord ; vous lui observez que la 2e puissance est 10 suivi d'un zéro, ou l'unité suivie de deux zéros ; que la 3e puissance de 10 est l'unité suivie de 3 zéros ; immédiatement, l'écolier ajoutera de lui-même : « et cœtera », et conclura que la 27e puissance de 10 est égale au nombre exprimé par l'unité suivie de 27 zéros. Il a donc conclu en supprimant 24 intermédiaires ; dira-t-on qu'il les a pensés sans conscience ? Mais si, au lieu du nombre 27, j'avais choisi, comme exposant de la puissance, un nombre indéterminé $= n$, dira-t-on que l'écolier a pensé sans conscience un nombre indéterminé de propositions intermédiaires ? Évidemment non ; donc, en nos raisonnements, les termes supprimés dans la conscience sont également supprimés dans la pensée ; l'idée de la loi, du rapport connu, sert de substitut à ces termes supprimés, si grand que soit leur nombre ; et cette loi est pensée avec conscience.

Introuvable dans les opérations logiques de la pensée, *l'idée inconsciente* se trouvera-t-elle au moins dans l'activité esthétique de l'esprit? « Le processus créateur de l'esprit » inconscient, qui a pour résultat de produire dans l'esprit » l'idéal concret, porte en soi-même le principe formel du » développement esthétique [1]. » Comme preuve de ce travail inconscient, Hartmann cite, ainsi que Schelling et Maudsley, l'inspiration ; mais l'inspiration est-elle si inconsciente ? D'abord, cela n'est pas vrai pour l'inspiration scientifique. On demandait à Newton comment il avait découvert la gravitation ; il répondit : « En y pensant ». Pour le poète, l'artiste, n'en est-il jamais de même ? Combien ont trouvé leurs plus belles inspirations « en y rêvant ». Et rêver, n'est-ce pas avoir une conscience vive de l'objet qui nous absorbe ?

---

1. Hartmann, 1er vol., p. 299.

Le poëte, l'artiste, par tous les actes antérieurs de sa pensée consciente et de sa volonté consciente, a donné à ses sentiments un certain tour, à son cerveau certaines habitudes spéciales qui tendent à se traduire par des images brillantes. Chaque fois que ces images ont reparu à la conscience de l'artiste, elles ont tendu à se combiner entre elles. Ces combinaisons peuvent se faire de mille manières. Mais beaucoup s'éliminent d'elles-mêmes, en vertu du goût de l'artiste, qui les a souvent repoussées par ses réflexions antérieures. Pour les autres combinaisons, comme elles sont prêtes à passer à l'acte, le plus faible effort peut en réaliser une ; et comme nous avons à peine conscience de ce faible effort, nous n'attribuons pas l'inspiration à notre volonté, qui pourtant a préparé de longue date tout ce travail. Notre effort présent n'agit dans l'inspiration que comme un poids très petit sur le plateau d'une balance, ou comme une faible étincelle dans l'explosion d'une mine. Mais, si peu intense que soit la modification psychologique qui détermine nos aptitudes intellectuelles et cérébrales à entrer en action, rien ne prouve qu'elle soit absolument inconsciente. La part de l'inconscient dans la pensée esthétique consiste donc uniquement : 1º dans les aptitudes, 2º dans les mouvements organiques : en un mot, dans les conditions de la pensée, mais non dans l'*acte* même de la pensée.

Que devient la notion du bien, dans le système de Hartmann ? Il le dit avec une franchise qui fait honneur à sa bonne foi, et compromet du même coup tout son système. « La moralité et l'immoralité ne sont pas des attributs des » êtres ou de leurs actions en soi, mais seulement des juge- » ments portés sur eux, au point de vue propre de notre » conscience... La nature, en tant qu'elle est inconsciente, » ne connaît pas la distinction de ce qui est moral et de ce » qui ne l'est pas[1] ». Or la nature, pour Hartmann, c'est l'Un-Tout, c'est l'Être absolu. Donc la distinction du bien et du mal moral n'a rien d'absolu ; ce n'est qu'un point de vue relatif, accidentel, comme la conscience elle-même, un

---

1. *Ibid.*, p. 295.

point de vue subjectif. Il est vrai, il ajoute que « cela ne
» diminue pas le prix des applications morales que fait la
» conscience de son point de vue ». Il nous semble, au
contraire, que cela en diminue infiniment le prix : car, ce
qui n'est pas vrai au point de vue de l'absolu n'est pas
vrai du tout. Or, la notion du bien n'a de valeur absolue
que si elle existe dans une pensée éternelle. Kant l'a
prouvé ; Hartmann l'avoue avec une entière bonne foi :
« Sans doute », dit-il, « si on admet en dehors de la na-
» ture une conscience, celle d'un Dieu personnel, on peut,
» en se plaçant au point de vue de cette conscience surna-
» turelle, appliquer les concepts moraux dans l'apprécia-
» tion du monde [1] », et leur donner ainsi une valeur
objective. Il est vrai, Hartmann rejette cette idée d'un
Dieu personnel : toujours est-il qu'avant d'attaquer l'existence de ce Dieu conscient et distinct du monde, il la prouve
lui-même en reconnaissant, après Kant, que, sans ce postulat de la loi morale, l'idée du bien n'a pas de valeur absolue. Il aime mieux nier la valeur absolue du bien que d'admettre Dieu : ou plutôt, en cela il est conséquent avec son
système ; en effet, si la volonté agit sans liberté, et souvent sans conscience, que peut signifier le concept de moralité ? Et cette négation de la moralité n'est-elle pas une
raison suffisante pour prouver la fausseté de la doctrine de
l'auteur sur la *volonté inconsciente* [2] ?

Faut-il relever maintenant le caractère absolument gratuit de cette assertion que « la conscience n'est qu'un
» accident, dû à l'union de l'esprit avec l'organisme,
» et que par conséquent le premier principe des choses,
» n'ayant pas de cerveau, ne saurait être conscient ni
» personnel ? » Quoi ? parce que, chez les êtres composés
d'une âme et d'un corps, la conscience dépend de leur
union — au moins durant leur existence actuelle, car
l'expérience ne permet pas d'affirmer davantage — est-on

<hr>

1. *Ibid.*, p. 296.
2. Les mêmes raisons condamnent le fatalisme historique de Hegel,
adopté par Hartmann qui l'applique au point de vue de son propre système (1er vol., ch. 10. De l'inconscient dans l'histoire).

en droit de généraliser ce cas particulier ? Conclure de l'expérience physiologique à l'impossibilité de ce que cette expérience n'atteint pas, c'est faire le raisonnement le plus illogique. Quelle étrangeté d'aller imaginer que la condition essentielle de toute conscience réside dans quelques hectogrammes de cervelle ! Quel rapport essentiel y a-t-il entre un organe, qui ne produit que du mouvement, et la conscience, qui est irréductible au mouvement ? Si donc, chez l'homme et l'animal, l'organe se trouve être la condition de la conscience, ce ne peut être que *par accident*, en vertu des lois propres des êtres vivants.

Les conditions essentielles de la conscience se réduisent à deux, qui sont comprises analytiquement dans ce concept de conscience : 1° il faut être capable d'action pour pouvoir être conscient ; 2° il faut être capable de connaître son mode d'action et la nature de l'objet sur lequel cette action s'exerce.

Or, étant donnée la nature de l'homme (ou de l'animal), il ne peut agir sur le monde matériel que par l'intermédiaire d'un instrument ; et le cerveau, par sa merveilleuse organisation, se prête on ne peut mieux à ce rôle d'instrument à la fois directeur et multiplicateur du mouvement. C'est ainsi qu'il devient l'intermédiaire de notre action, et par conséquent l'intermédiaire de la conscience que nous avons de notre action. Mais une force infinie n'a pas besoin d'un système nerveux pour mouvoir le monde ; elle n'en a donc pas besoin pour connaître son action sur le monde

Hartmann nous dit encore, après Spinoza, que la *conscience* est une *limitation*, et, par suite, ne peut convenir à l'Être infini. Car, la conscience suppose un effort, c'est-à-dire un mélange de force et de faiblesse. Attribuer à Dieu la conscience, c'est le rabaisser jusqu'à l'homme ; c'est de l'anthropomorphisme.

Oui, sans doute, chez l'être fini, la conscience implique la conscience de sa faiblesse en même temps que de sa force. En est-il de même de l'Infini ? En se connaissant, il se connaît tel qu'il est, c'est-à-dire sans limites. Mais, dit-on, le Non-moi limite le Moi, dès que le Moi en est distinct. Oui, cela est vrai si le Non-moi est indépendant du Moi ; c'est ce qui arrive pour l'homme : il sent, dans le monde, un obstacle à sa force personnelle. Mais si le Non-moi (le monde) est l'œuvre, la création de l'Être infini, loin de borner le Moi de Dieu, il en dépend et par là ne fait qu'exprimer, manifester la toute-puissance de Dieu : *Cœli enarrant gloriam Dei.*

Il n'y a donc pas lieu de porter contre la croyance à la personnalité divine le reproche équivoque d'anthropomorphisme. Puisque la conscience n'est pas par soi-même une limitation, puisqu'elle n'est telle que par accident, je puis, je dois l'attribuer à Dieu. Est-il plus digne de Dieu de penser sans conscience, d'ajuster les moyens aux fins sans savoir ce qu'il fait, comme l'abeille ou la fourmi, que d'avoir conscience de soi, comme l'homme ? Pour éviter le reproche injustifié d'anthropomorphisme, faut-il tomber dans le zoomorphisme ? Mais quoi ! si on refuse à Dieu tout ce qui est en l'homme, — même ce qu'il y a de bon et de positif, — ne faut-il pas lui refuser aussi la raison et jusqu'à l'existence ? Il n'y a que le néant qui ne ressemble pas à l'homme ; et si on ne veut aucune ressemblance entre l'homme et Dieu, il faut que Dieu soit un pur néant. S'arrêter à la conception intermédiaire entre le théisme et l'idéalisme athée, à la conception d'un Dieu inconscient, n'est-ce pas une inconséquence ? Quoi ! ce Dieu sait tout, connaît tout, et il ne se connaît pas lui-même, lui qui est tout ! Il y a contradiction dans les termes.

La logique ne nous permet donc pas d'admettre un Dieu inconscient, un Dieu qui connaît tout excepté Dieu. Si Dieu est, il a conscience de lui-même ; or il est, puisqu'il est la seule raison suffisante de toutes choses, puisque ni la matière ni le mouvement ne peuvent rien expliquer par euxmêmes, sans remonter à un principe supérieur (Sur ce point Hartmann a réussi peut-être mieux que personne à montrer l'insuffisance du matérialisme). Et comme, pour être consciente d'elle-même, la cause première du monde doit être distincte de ses créatures, nous ne saurions plus chercher le principe des choses ailleurs que dans le Dieu personnel, le Dieu chrétien que Platon a entrevu, dont Leibnitz a si bien

défini les rapports avec le monde, qui contient en son intelligence les raisons des essences, en sa volonté celles des
existences, et qui fait passer les essences (les possibles) à
l'être par un acte de sa volonté consciente.

Avec une telle conception, le pessimisme s'évanouit.
Oui, tout est mal, si tout est tel que le pense Hartmann,
s'il est vrai qu'il n'y a ni liberté ni bien moral en cette vie,
point de bonheur à espérer dans une autre : une volonté
aveugle a seule pu réaliser un monde aussi mauvais. Mais
cette négation même de la liberté humaine et la négation
de la moralité sont des signes auxquels nous devons reconnaître le système de l'auteur pour ce qu'il est ; et ce
n'est qu'un affreux cauchemar, plus horrible que le célèbre
rêve allégorique de Jean-Paul Richter. Lorsque, après la lecture de la *Métaphysique de l'Inconscient*, l'esprit, obsédé
de ces noires visions, se réveille et se ressaisit lui-même, il
revient à la réalité ; il se retrouve libre ; il retrouve son flambeau, la loi morale ; il retrouve vivante la religion, dont on
annonçait la mort, et qui raffermit son cœur en lui montrant
le devoir en ce monde et l'immortalité dans l'autre. Si pour
notre intelligence finie il reste encore bien des ombres, bien
des mystères dans cette grave question du mal, quelle force
du moins et quelle consolation dans la pensée que Dieu nous
voit et nous entend ! D'ailleurs, comme dit Leibnitz, Dieu ne
nous a-t-il pas donné assez « d'échantillons de sa sagesse
et de sa bonté infinie [1] » pour justifier notre confiance
en lui, même quand nous ne comprenons pas toutes ses
vues ? Sans ce mystère de la souffrance, le mérite moral ne
serait pas ; sans ce mystère, ne seraient pas ces deux vertus des grands cœurs, le courage et la pitié ; et ce mal,
après tout, n'est qu'un point dans l'abîme du temps pour
ceux qui croient en Celui qui nous a promis la délivrance,
en nous apprenant à lui dire : *Libera nos a malo.*

---

1. Leibnitz, *Théodicée*, paragr. 134.

SECONDE PARTIE

PARTIE PSYCHOLOGIQUE

SECONDE PARTIE

CHAPITRE PREMIER

DES LIMITES DE LA CONSCIENCE ET DE L'INCONSCIENT

I. — Quels sont les états psychologiques qui peuvent être inconscients ?
II. — La sensation peut-elle exister sans conscienc ?
III. — La pensée est-elle séparable de la conscience ?
IV. — Discussion des arguments allégués en faveur des idées inconscientes.

I

L'étude des philosophes qui ont traité de l'inconscient nous a amenés à reconnaître dans leurs doctrines une part de vérité. Sur plusieurs points, il a fallu faire des réserves et remettre en question certaines de leurs conclusions.

D'abord il y a à distinguer les *états* psychologiques d'avec les actes. Par états, il faut entendre non seulement les pouvoirs ou virtualités, les lois essentielles de l'âme, mais les habitudes, aussi bien les habitudes intellectuelles que les habitudes motrices, et, pour ainsi dire, les lois acquises, les conquêtes, les perfectionnements de l'âme, passés dans sa nature et devenus inhérents à sa personnalité. Tous ces états, étant essentiellement permanents et toujours prêts à l'acte, ne sauraient disparaître avec la conscience que nous en avons. Ils ne peuvent pas non plus être tous, à la fois, et à tout moment, objets de conscience ; car l'homme ne saurait penser à la fois qu'à un très petit nombre de choses. Toute pensée, et par conséquent tout acte de conscience, est restreint quant à son objet ; notre esprit n'arrive que successivement à embrasser tout le champ de la connaissance. Il en résulte évidemment que les états du Moi sont souvent, le plus souvent peut-être, inconscients ; ou, si l'on suppose qu'à tout moment nous avons une certaine conscience très vague et très confuse de tous ces états du Moi, une conscience à

la fois aussi vaste par son objet, aussi peu précise par la détermination de son contenu, ressemblerait tellement à l'inconscience qu'elle pourrait s'appeler du même nom.

Sur ce premier point (l'inconscience fréquente des *états*
psychologiques), aucune contestation n'est possible ; reste
la question des *actes* psychologiques. Or, parmi ces actes,
tous ceux qui se rapportent à la vie sont évidemment inconscients ; il en est de même des actes d'instinct, au
moins au premier moment de leur accomplissement ; parfois
même les actes d'habitude s'accomplissent en nous, comme
ceux de l'instinct, sans conscience. Tous ces actes ont un
caractère commun : ce sont des actes moteurs.

Les actes de cette catégorie n'ont pas besoin d'être connus de moi pour être produits par moi. En effet, le Moi, dans
les phénomènes moteurs involontaires, n'étant qu'une cause
seconde, n'a pas toujours besoin de savoir ce qu'il fait ;
pourquoi le saurait-il ? Pour concourir à l'acte par son propre choix ? Ou pour se retenir dans l'accomplissement de
l'action ? Mais l'impulsion instinctive que le Moi reçoit de la
nature est assez forte, assez bien calculée pour ne pas avoir
besoin de concours ; elle est trop bienfaisante pour qu'il soit
bon, en général, de la contrarier. Il est vrai, l'instinct, dans
certains cas, et plus souvent encore l'habitude, ont besoin
d'être combattus par la volonté ; mais alors, la conscience,
avec un peu d'effort, peut les saisir et les diriger. Aussi ne
devons-nous pas dire que les actes moteurs sont toujours
inconscients, mais peuvent être inconscients ; la conscience
ne leur est pas essentielle ; ce n'est qu'une circonstance
accidentelle à leur exécution. Jusqu'ici encore nous sommes
d'accord avec la doctrine de l'Inconscient.

Mais il y a des actes d'un autre genre, et qui ne sauraient
se réduire à des *mouvements*, bien qu'ils soient liés à des
mouvements organiques. Ce sont : 1° les sensations de plaisir
ou de douleur, 2° les pensées, 3° les volontés. Ces phénomènes sont-ils de simples spectacles qui se déroulent sous les
yeux de la conscience, et qui pourraient s'accomplir tout
aussi bien en son absence ou pendant son sommeil ? Ou bien,
au contraire, la conscience est-elle un élément nécessaire,

essentiel de ces phénomènes, et tellement essentiel que l'abstraction seule puisse la distinguer d'avec eux, absolument comme l'abstraction seule distingue la longueur d'avec la largeur, la surface d'avec la profondeur ? C'est la question qui reste à examiner : c'est la seule qui soit en litige. Pour les *états inconscients* et les phénomènes reconnus comme tels sans contestation, nous n'aurons à nous en occuper que pour chercher leur raison d'être, leurs rapports avec la conscience, leur rôle, en un mot, dans l'harmonie générale de l'âme et du monde moral.

II

Tout d'abord, au sujet des sensations inconscientes, il y a une équivoque à éviter ; elle est fréquente, même dans le langage des savants. On appelle quelquefois « sensation inconsciente » un état physiologique qui, s'il était plus intense, produirait une sensation consciente, une douleur ou un plaisir. Mais cet état physiologique doit-il s'appeler « sensation » ou simplement « mouvement » ? Si aucun plaisir, aucune douleur ne correspond dans l'âme à cette modification physiologique, il n'y a pas de phénomène psychique, ou tout au moins il n'y a qu'un phénomène d'activité vitale. Mais un plaisir, une douleur, peuvent-ils être inconscients ? Un plaisir que je ne sens pas, une douleur qui ne se manifeste pas à moi ne sauraient s'appeler douleur ni plaisir. Quel est l'Epicurien qui ne renoncerait volontiers à tous les plaisirs inconscients, et qui ne se résignerait avec le courage d'un Stoïcien à toutes les douleurs inconscientes ?

Tout au plus la question des sensations inconscientes peut-elle se poser pour les sensations *indifférentes*, ou à peu près indifférentes, celles qui ne sont que des plaisirs ou des douleurs d'une très faible intensité. Il est vrai que les sensations de ce genre sont nombreuses ; la plupart des sensations représentatives, qui, interprétées par la raison, deviennent perceptions, les sensations visuelles, auditives, sont *à peu près indifférentes*. Ne peuvent-elles pas être inconscientes ?

C'est ce que Leibnitz et Hamilton prétendent[1], et par les raisons exposées plus haut. La sensation totale du bruit de la mer se compose de milliers de sensations partielles dont chacune est inconsciente ; la sensation du vert est produite par celle du bleu et du jaune ; ces deux sensations composantes sont inconscientes, et pourtant je les éprouve, puisque j'éprouve la sensation totale qui en est la somme.

A ces arguments nous avons opposé un doute : la sensation a-t-elle des parties ? est-elle extensive, ou intensive ? Or, ce doute, la psychologie moderne n'hésite pas à le résoudre : la sensation est intensive et non exstensive[2]; elle a des degrés, et non des parties. S'il en est ainsi, que vaut l'argument de Leibnitz et d'Hamilton ? La sensation est un état ; elle n'est pas une étendue, une collection de petites sensations juxtaposées dans l'espace[3]. Sans doute, la cause extérieure de la sensation est étendue ; l'organe est étendu et divisible, mais non la sensation même ; si nous la localisons, ce qui nous fait croire à tort qu'elle est étendue et composée de parties, cette localisation n'est qu'un fait secondaire, un fait dérivé. Le fait primitif, inné, c'est la localisation du mouvement, chose réellement étendue ; ensuite, par une association qui devient irrésistible, nous rapportons la sensation à la partie du corps dont le mouvement produit la sensation ou la fait varier. Ainsi nous localisons la sensation de lumière dans les yeux, parce que nous faisons disparaître ou reparaître cette sensation en fermant ou en ouvrant les yeux ; nous rapporterons la sensation du choc à la main droite ou à la gauche, suivant que le choc produit correspond à un mouve-

---

1. Avec cette différence toutefois que, pour Leibnitz, les sensations ou perceptions obscures ne sont probablement que *subconscientes*, et non pas absolument *inconscientes*.

2. M. Ribot résume ainsi la doctrine de Lotze sur la sensation. « Nos impressions visuelles et tactiles ne peuvent être perçues que sous forme d'*états intensifs*. Ce que chaque point touché transmet à l'âme, ce n'est point une image étendue ; c'est une modification *intensive*, variant selon la nature de l'énergie de l'impression » (*Psychologie allemande,* page 73).

3. D'ailleurs, si la sensation produite par le bruit de la mer était la somme des sensations produite par chaque vague, cette sensation de chaque vague serait la somme de toutes les sensations produites sur mon orcille par chaque molécule d'eau, ce qui est insoutenable.

ment de l'une ou de l'autre [1]. De même, si, par la sensation, nous arrivons à connaître l'objet extérieur, qui est étendu, c'est que la sensation, bien qu'inétendue, provoque un mouvement de l'organe ; nous percevons, comme nous localisons, *par nos mouvements*, et non pas directement *par nos sensations*, qui ne sont que des stimulants du mouvement[2].

Il n'y a donc pas lieu de regarder la sensation, c'est-à-dire la modification de l'âme, comme extensive, et de supposer qu'elle soit composée de parties correspondant aux parties de l'objet. La poudre verte se compose bien d'une poudre jaune et d'une poudre bleue ; mais la sensation du vert provient simplement de ce que les rayons bleus et les rayons jaunes se sont combinés pour agir sur la fibrille du nerf optique sensible au vert. Une pression exercée avec le doigt sur le globe de l'œil peut produire cette sensation de vert, sans qu'il y ait besoin de rayons jaunes ni bleus ; une pression du doigt sur l'oreille peut produire la sensation des vagues de la mer. Ces sensations sont indivisibles ; elles sont le signe de la cause extérieure, et n'en sont pas l'*envers*, comme on l'a dit quelquefois. Pourquoi donc les réduire en fractions et analyser la conscience totale que nous en avons en consciences infinitésimales ?

Ce qui est réellement étendu, divisible mathématiquement, c'est le mouvement organique, cause de la sensation. Toutefois, même dans le phénomène organique, l'intensité est encore plus importante que l'extension. Si l'intensité est au-dessous d'un certain minimum, l'âme n'est pas avertie du mouvement organique. Nous dirons donc qu'il y a des *mouvements organiques inconscients* ; mais ce ne sont pas des sensations, puisque nous ne les sentons pas. Il en est de même des mouvements organiques qui, par l'excès même de leur intensité, produisent pour un instant comme un étourdissement. Un soldat, frappé d'une balle, ne s'aper-

1. L'hémiplégique de Rey Regis ne pouvait plus localiser ses sensations, bien que les nerfs sensitifs fussent dans leur état normal ; les nerfs moteurs seuls étaient paralysés. C'est donc bien par l'intermédiaire du mouvement que nous localisons la sensation.

2. C'est au fond la théorie des signes locaux, de Lotze.

çoit pas toujours immédiatement de sa blessure. Livingstone, en Afrique, renversé par un lion, percevait très clairement que ce lion lui mordait le bras ; mais il ne sentait aucune
douleur ; il explique lui-même cette anesthésie par la stupeur
que la vue de l'animal, prêt à le dévorer, produisait sur son
cerveau. Il fait même à cette occasion une fort belle hypothèse : cette anesthésie, qu'il a éprouvée dans la circonstance
actuelle, ne serait peut-être qu'un cas particulier d'une loi
bienfaisante de la nature. Comme la nature a destiné une
foule d'animaux à être la proie vivante des carnivores, elle
a tout disposé dans le cerveau des animaux pour que la vue
d'une gueule béante, prête à les dévorer, produisît une stupeur capable d'arrêter les fonctions sensitives[1]. Nous aurions
donc là une loi générale d'*inconscience* dans les fonctions organiques. Toutefois, ce serait abuser des mots que d'appeler « sensation inconsciente » ce phénomène organique dont
le caractère propre est de ne pas être senti.

III

Reste à examiner si la pensée et la volonté peuvent exister
à l'état inconscient ; et, comme il n'y a pas de volonté sans
pensée, le second problème revient au premier. Sans doute,
en Dieu, une telle inconscience, nous l'avons vu, est impossible, contradictoire ; elle doit être rejetée *à priori* ; mais chez
l'homme, et en général chez tout être fini, on ne voit pas tout
d'abord si l'hypothèse d'une pensée ou d'une volonté inconsciente est ou n'est pas contradictoire. Que ce soit une hypothèse inintelligible, on ne peut s'empêcher de le penser, puisqu'aucun partisan des idées inconscientes n'a jamais essayé
de définir ces termes ; mais peut-être ce qui semble d'abord
inintelligible ne nous semble tel que faute d'analyse et de réflexion.

1. Si cette hypothèse est vraie, elle atténue singulièrement l'objection tirée du mal physique chez l'animal. Car le seul mal physique auquel la
nature a condamné l'animal est d'être dévoré par un autre. Les autres
souffrances, celles dont l'animal a certainement conscience, lui viennent de
l'homme, et l'homme pourrait les lui épargner, au moins souvent. Pour
la mort violente, elle pourrait être assez subite pour que la douleur fût
très courte.

Essayons d'analyser tous les éléments de la pensée ; cherchons ce qui en resterait si on en éliminait, par abstraction, la conscience qu'elle a d'elle-même. Si cette élimination ne détruit pas l'essence même de la pensée, nous devrons avouer que la conscience n'est qu'un accident de l'intelligence, et qu'il peut y avoir des idées inconscientes, bien que nous ne soyons pas capables de concevoir ce qu'elles sont ; si, au contraire, cette analyse nous montre que toutes les opérations de la pensée sont des fonctions, des applications particulières de la conscience, des inductions fondées sur nos états de conscience, la conclusion qui s'imposera à nous sera la nécessité de considérer la conscience comme la forme, l'élément universel et constitutif de toute pensée.

Considérons d'abord l'acte intellectuel dans sa forme la plus complète, qui est le *jugement, accompagné d'une pleine et entière conscience* ; nous chercherons ensuite à enlever une à une, par abstraction, chacune des qualités, chacune des circonstances qui se trouvent réunies dans le cas donné, jusqu'au moment où la disparition d'une circonstance essentielle fera évanouir entièrement le phénomène intellectuel.

Tout jugement est une affirmation ; dans le jugement clair, distinct, réfléchi, tel que nous le supposons ici, se trouvent réunies plusieurs affirmations : 1° L'affirmation du rapport entre les différents termes de la proposition pensée : par exemple, j'affirme que 900 est le carré de 30 ; c'est l'affirmation relative à *l'objet*. — 2° Une affirmation relative au *sujet* pensant : je sais, j'affirme que c'est bien moi qui pense à ce rapport d'égalité entre 900 et le carré de 30. — 3° Une affirmation relative à la nature de l'opération intellectuelle : je sais, j'affirme en moi-même que je pose le produit d'un nombre par lui-même.

Ce n'est pas tout ; chacune de ces trois affirmations implique à son tour une affirmation nouvelle, relative au degré d'évidence de la proposition affirmée. Je ne peux pas penser la proposition $900 = 30^2$ sans trouver qu'elle est évidente en elle-même, objectivement, ni sans avoir conscience de la nécessité *subjective* avec laquelle cette vérité s'impose à mon assentiment. J'affirme donc l'évidence comme propriété de l'objet, la certitude comme état du sujet pensant, et l'assentiment comme constituant la nature spéciale de l'acte intellectuel par lequel le sujet entre en rapport avec l'objet et, pour ainsi dire, se l'assimile.

C'est ainsi, du moins, que les choses se passent dans l'acte intellectuel complet ; le sujet ne connaît l'objet qu'en percevant l'action exercée par l'objet sur lui et la réaction exercée par lui sur l'objet. La connaissance du Non-Moi est une fonction de la connaissance du Moi. Mais en est-il toujours ainsi ? N'y a-t-il pas des cas où l'une de ces deux connaissances peut se produire sans l'autre ? Ne peut-on pas, au moins par la pensée, supposer certains cas où l'affirmation de l'objet survivrait encore, après que l'affirmation du sujet aurait disparu ?

Sans doute, il arrive, peut-être même souvent, que notre attention se porte très inégalement sur l'affirmation de l'objet et sur celle du sujet. L'esprit, absorbé par son objet, pense beaucoup à cet objet, très peu à lui-même ; mais ce n'est qu'une diminution, non une disparition de la conscience. Un savant qui cherche un problème ne s'interrompt pas dans ses calculs pour se dire : « c'est moi qui fais ces calculs ». Mais ne le sait-il pas ? L'objet de ses recherches l'intéresse en ce moment bien autrement que la constatation d'un fait psychologique évident : il doit donc faire abstraction de ce fait, autant que possible. Nous disons « autant que possible », car cette abstraction n'est jamais complète et n'équivaut pas à un oubli.

Il en est ainsi, d'ailleurs, de toute abstraction : le géomètre, qui raisonne sur les surfaces, fait abstraction de la troisième dimension ; arrive-t-il, pour cela, à croire à l'existence d'une surface sans profondeur, ou même à se représenter cette surface sans aucune profondeur ? Evidemment non ; mais il ne se représente que vaguement une profondeur quelconque, et concentre son attention sur la surface dont sa pensée détermine les proportions avec une entière précision. De même, celui qui fait abstraction du sujet pensant, pour concentrer toute son attention sur l'objet, n'arrive jamais à l'oubli total du sujet ; il y pense moins, l'examine le moins possible ; mais il se sent penser ; il sent son ardeur au travail, son désir d'arriver à la solution : il sent la joie de la découverte. Archimède peut oublier sa sécurité personnelle quand il est absorbé dans son problème ; mais il n'oublie pas le sentiment de bonheur personnel que la solution de ce problème lui fait éprouver. Ainsi, même dans l'acte intellectuel donné ordinairement comme exemple de l'oubli du Moi, tout ce que l'analyse nous découvre, c'est une diminution, non une absence totale de conscience.

On a encore cité l'exemple des mystiques, arrivant à se perdre dans la contemplation et l'amour des Perfections Divines. Mais, là encore, ce n'est qu'une concentration presque complète de la pensée, une répartition très inégale de l'attention, qui s'efforce de se porter aussi peu que possible sur l'affirmation relative au sujet, et autant que possible sur l'affirmation de l'objet. Jamais, cependant, le moi n'arrive à oublier qu'*il* est ; c'est *lui* qui aime, *lui* qui contemple ; et il sait que c'est *lui*. De même que, en parlant de « s'anéantir » devant Dieu, les saints n'entendent pas dire que Dieu, en les créant, n'a créé qu'un pur néant, mais seulement que le fini, par rapport à l'Infini, est absolument disproportionné ; de même aussi, quand on dit qu'ils anéantissaient dans l'extase la conscience du Moi, il ne faut pas entendre qu'ils la détruisaient, mais qu'ils la réduisaient au minimum possible. Or ce minimum ne saurait jamais être absolument égal à zéro ; car alors, avec la conscience du sujet disparaîtrait la pensée même de l'objet. En effet, l'âme peut-elle aimer Dieu sans le concevoir comme *son* Créateur, *son* modèle, *son* bien absolu ? Non assurément. Donc elle conçoit Dieu dans une certaine relation avec elle-même. Dira-t-on que je peux aimer Dieu comme Créateur du monde, sans penser qu'il est *mon* Créateur ; comme Fin Suprême en général, sans penser qu'il est *ma* fin suprême ? C'est bien douteux ; mais quand cela serait, puis-je l'aimer sans *me* croire obligé de conformer *ma* volonté à la sienne ? Puis-je l'aimer sans lui offrir *mes* adorations, *ma* soumission, *ma* personne ? Et pour faire à Dieu cet abandon du Moi, ne faut-il pas avoir conscience du Moi ?

On en peut dire autant du héros qui s'oublie pour ne penser qu'à sa patrie, du père qui s'oublie pour ne penser qu'à ses enfants. Ils oublient leurs intérêts, mais n'oublient pas leur personnalité : la preuve, c'est que, toutes les fois qu'ils songent à leur patrie, à leurs enfants, ils se demandent : « Que pourrais-je faire pour ma patrie, pour mes enfants ? » Ils ont donc conscience de leur volonté personnelle.

Cette complète disparition de la conscience, que ne peut produire l'absorption de la pensée par l'objet, sera-t-elle produite par la distraction, par la rêverie, par le sommeil ? Mais l'homme distrait, s'il n'a pas conscience de voir ce qui est sous ses yeux, a conscience de penser à l'objet qui le préoccupe. Dans le rêve, l'erreur porte sur l'objet ; mais l'affirmation du sujet persiste, et même elle est exempte d'erreur. Ainsi, nous ne trouvons, nous ne pouvons même imaginer un cas où l'affirmation de l'objet soit complètement séparée de l'affirmation relative au sujet[1]. Peut-être, dans la léthargie, la conscience est-elle tout à fait abolie ; mais alors il n'y a non plus aucun jugement porté, aucun objet pensé. Nous croyons donc pouvoir regarder comme certain que, dans tout jugement, l'affirmation du Moi est présente, soit explicitement et clairement, soit implicitement et comme par un sous-entendu ; mais, en la sous-entendant, je ne la perds pas de vue. Le degré de conscience est donc variable, très variable : tantôt la connaissance du sujet est dans la pénombre et celle de l'objet en pleine lumière ; on dit alors que la connaissance est directe ; tantôt la connaissance du sujet est dans la région la plus lumineuse, on dit alors que la connaissance est réfléchie. Mais la connaissance réfléchie ne perd jamais complètement de vue l'objet connu ; de même

---

1. Il arrive même quelquefois, dans la rêverie, que l'attention se porte beaucoup plus fortement sur l'affirmation du Moi que sur la pensée de l'objet. Les idées, les images passent devant moi avec une rapidité qui m'empêche de bien les saisir ; elles sont vagues, je ne pourrais les décrire ; mais j'ai une conscience claire ou du charme ou de la fatigue que produit sur le Moi toute cette phantasmagorie.

la connaissance directe ne perd jamais complètement de vue le sujet pensant.

Un partisan des pensées inconscientes pourrait répondre : « Oui, sans doute, dans tous les cas observés, ou même observables, l'affirmation relative à l'objet est inséparable de l'affirmation relative au sujet ; mais, s'il y a des pensées inconscientes, elles ne peuvent être observées ni observables. Les résultats négatifs de l'expérience ne prouvent pas qu'elles soient impossibles ; ils prouvent seulement qu'elles sont inconnues, ce qui est précisément accordé par l'hypothèse. Il faudrait donc prouver *a priori* cette impossibilité : il faudrait montrer que l'on ne saurait, sans contradiction, concevoir, même à titre de simple hypothèse, l'existence d'un jugement porté sur l'objet en l'absence de tout jugement porté sur le sujet ».

A cette exigence très légitime il faut essayer de donner pleine et entière satisfaction. Oui, il est nécessaire d'établir que non seulement l'affirmation du Non-Moi et celle du Moi sont simultanées en fait, au moins dans les cas observés, mais qu'elles sont inséparables en droit, dans tous les cas possibles, inséparables comme le convexe et le concave, comme la longueur et la largeur. Essayons, en effet, de les séparer par une pure fiction mentale. J'affirme l'objet, et rien que l'objet ; par hypothèse, je ne pense rien du sujet ; mais le jugement que je porte sur l'objet est affirmatif, négatif, ou dubitatif ; autrement ce ne serait pas un jugement. Or, si j'affirme, c'est que je vois ou crois voir l'évidence ; si je nie, c'est que je vois ou crois voir l'évidence du contraire ; si je doute, c'est que je ne vois pas l'évidence. Donc tout jugement implique la perception de l'évidence présente ou l'idée de l'évidence absente. Voilà ce que nous trouvons dans l'analyse du jugement porté sur l'objet. Mais qu'est-ce que l'évidence ? On ne la définit en elle-même que par des métaphores empruntées à la lumière ; la seule définition précise est la définition par les effets qu'elle produit : « l'é- » vidence est ce qui produit en moi l'état de conscience » appelé certitude ; » et cet état de conscience consiste dans l'impossibilité de douter de bonne foi, après mûre réflexion [1]. Par conséquent, pour trouver une proposition certaine ou douteuse, il faut que j'aie conscience d'éprouver ou non cet état du Moi que nous venons de définir, et qui est le seul signe auquel je peux reconnaître le vrai. Il n'y a donc pas de jugements possibles sans l'intervention de la conscience.

Du moins, s'il n'y a pas de jugements inconscients, ne pourrait-il pas y avoir des idées, des perceptions, des représentations inconscientes ? Non ; car toute idée, toute représentation implique certaines affirmations, par exemple l'affirmation de la réalité ou tout au moins de la possibilité de la chose représentée. L'idée implique même certains jugements relatifs aux attributs essentiels de la chose pensée : par exemple, en pensant à un *triangle*, j'affirme que cette figure ne saurait avoir trois côtés sans avoir en même temps trois angles ; j'affirme de plus la possibilité d'enfermer une portion d'espace par trois lignes. De même, en concevant l'idée d'une *maison*, j'affirme que c'est une construction couverte, destinée à l'habitation des hommes. En un mot, il n'est pas possible de penser sans rien affirmer. Tout acte intellectuel implique un ou plusieurs jugements [2] ; et puisque tout jugement est accompagné de conscience, il s'ensuit que la conscience accompagne toute espèce d'acte intellectuel.

Ajoutons que toute représentation mentale m'apparaît comme étant colorée ou sonore, comme revêtue, en un mot, de ces qualités sensibles qu'Aristote appelait *sensibles propres*, et qu'aujourd'hui on nomme *qualités secondes* de la matière. La couleur, le son, n'est pas dans les choses ; ce sont les choses, assurément, qui produisent en moi ces impressions ; mais enfin ce sont des impressions subjectives : et jamais, sans l'instinct rationnel en vertu duquel j'applique le principe de causalité, je ne pourrais conclure de mes sensations à l'objet extérieur. Par conséquent, en me représentant

---

1. La fausse évidence, la fausse apparence se manifeste bien par le même état psychologique, mais avant mûre réflexion.

2. Sinon des jugements d'*existence*, au moins des jugements relatifs à l'*essence*, à la *possibilité* des choses.

une image sensible, ce n'est pas l'objet que je me représente, c'est un état du Moi, c'est une traduction faite par le Moi de certains effets nerveux, produits sans doute par des causes extérieures, mais révélés au Moi par la conscience.

IV

Nous sommes donc autorisés par l'analyse des faits à conclure que *tout acte intellectuel est par essence accompagné de conscience*. Mais cette conclusion, que nous avons tirée par voie d'analyse, ne sera-t-elle pas démentie par l'expérience ? C'est ce qui reste à discuter. Pour cela, examinons les faits cités par les partisans des idées inconscientes ; et cherchons-les dans l'ouvrage le plus complet comme le plus récent qui ait été écrit en faveur de cette thèse. M. Colsenet (*De la vie inconsciente de l'esprit*) soutient, comme Wundt, que beaucoup de jugements sont les conclusions d'un travail inconscient de la pensée. Dans la perception, tout d'abord, cette loi lui paraît manifeste. « Dans la sensation et » dans la perception », dit ce philosophe, « entrent de nombreux éléments inconscients » (p. 38). « C'est en vertu du principe des causes que, de modifications subies sans que notre volonté puisse en régler l'apparition, nous concluons à des causes autres que nous » (p. 60, 61). « Cette application du principe est ici toute spontanée et inconsciente » (p. 69). « Il y a donc à l'origine de toute perception des jugements spontanés fondés sur une loi inconsciente de l'esprit » (p. 36). De plus, toute connaissance suppose les notions de temps et d'espace (p. 29), et ces notions, comme Leibnitz l'a bien vu, entrent dans nos jugements sans que nous en ayons conscience.

Jusqu'ici, nous sommes d'accord avec l'auteur comme avec Leibnitz. Les *formes* de la raison sont en nous à l'état inconscient ; mais les *actes* de l'esprit sont-ils jamais inconscients ? Oui, d'après M. Colsenet ; les perceptions ne supposent pas seulement l'action inconsciente des principes de la raison, elles supposent encore des jugements inconscients, des raisonnements inconscients. C'est à l'aide de raisonnements

inconscients que nous *extériorisons* et que nous *localisons*
les objets ; c'est par un raisonnement inconscient que nous
fondons en une seule les deux images visuelles. Enfin, sans
l'hypothèse de ces raisonnements inconscients, on ne saurait
expliquer certaines illusions de la vue. Par exemple, lorsqu'une ligne est divisée en deux parties égales « et que l'une
» des deux moitiés est subdivisée à son tour en plusieurs
» sections, cette dernière semblera plus grande que l'autre »
(p. 73). Ce n'est qu'un cas particulier d'une loi générale :
cette loi, c'est qu'une longueur déterminée me semble plus
grande, s'il y a, entre les extrémités, des objets intermédiaires, que s'il n'y en a pas. « Une salle vide paraît plus petite qu'une salle ornée ou meublée » (p. 74). Une allée
d'un kilomètre, bordée d'arbres, me semble plus longue
qu'un kilomètre dans une plaine nue. Quelle est la raison de
cette illusion ? Pourquoi les objets intermédiaires éloignent-
ils ? C'est qu'une ligne fractionnée « présente des points d'ar-
» rêt, à chacun desquels l'effort musculaire (accompli par
» l'œil) cesse, puis recommence ; il y a donc déploiement
» de force plus grand et plus durable ; le temps est par suite
» *jugé* plus long, et l'espace parcouru, plus considérable »
(p. 73). Ce jugement de l'esprit influe sur la nature de notre
perception ; le calcul fondé sur le nombre des efforts visuels
nous amène à *conclure* faussement qu'une des moitiés de
la ligne est plus longue que l'autre ; et l'imagination, par
une sorte de fusion avec la perception, nous fait *voir*
comme plus longue la moitié pensée comme telle et *imaginée* comme telle (p. 76). « Le jugement de grandeur » ou
d'éloignement, « n'est pas déterminé fatalement par l'ob-
» jet...., il n'est pas non plus volontaire ; car », même si
nous avons été prévenus, « nous le portons malgré nous ; il
» faut donc qu'il soit amené » (ainsi que l'impression illusoire qui en résulte) « par un travail *spontané* de l'esprit que
» nous ne pouvons ni diriger ni connaître » (p. 76).

En vertu de cet éloignement apparent produit par les objets intermédiaires, la lune, à l'horizon, doit nous sembler
plus loin de nous qu'au zénith ; et c'est en effet ce qui arrive. Mais voici une seconde illusion bien autrement diffi-

cile à expliquer : non seulement la lune, à l'horizon, paraît plus éloignée, mais elle paraît plus grande qu'au zénith ! Et cependant, son diamètre intercepte environ deux minutes de moins sur la sphère céleste. L'illusion ne peut s'expliquer physiquement ; c'est donc la conséquence d'un travail psychique, et nous n'avons aucune conscience de ce travail (p. 76). Quel est ce travail ? On est réduit à des inductions, puisqu'il ne tombe pas sous l'observation de la conscience. Nous mesurons le diamètre apparent de la lune aux arbres, aux maisons qui se projettent sur elle ; or nous savons que ces arbres, ces maisons, et tous les objets vus à l'horizon sont plus grands qu'ils ne nous paraissent. « A ce jugement s'ajoute un acte d'imagination ». Nous nous *représentons* ces objets comme plus grands que nous ne les voyons ; cette représentation *fusionne* avec notre perception ; nous arrivons ainsi à *voir* les objets projetés sur la lune plus grands que nous ne les verrions si notre perception était déterminée uniquement par l'angle visuel ; et puisque nous voyons une image agrandie des objets projetés sur la lune, nous devons nécessairement voir aussi une image agrandie de la lune. Tout cela s'explique par les lois de la psychologie ; tout cela s'enchaîne logiquement ; mais nous n'avons aucune conscience de cette altération de la perception produite directement par l'image, et indirectement par le jugement.

Enfin le travail de l'Inconscient arrive à nous faire voir une certaine couleur là où nous devrions, semble-t-il, en voir une autre. Une feuille de papier gris, exposée au soleil, est en réalité plus claire qu'une feuille de papier blanc placée à l'ombre. Cependant la première m'apparaît comme grise, parce que je sais qu'elle est vraiment grise ; le jugement rectifie la vue ; pour la seconde, je *sais* qu'elle est blanche, et je la vois blanche. Comment expliquer cette influence de l'idée et de l'image mentale sur la sensation de couleur ? N'y a-t-il pas là une série de déductions inconscientes (p. 40 et p. 45) ?

Certes, voilà le meilleur plaidoyer qui ait jamais été écrit

7

en faveur des idées inconscientes. Est-il absolument démonstratif ? C'est au moins contestable.

Sans doute, il entre dans les illusions de la vue des facteurs inconscients ; mais ces facteurs inconscients ne sont ni des raisonnements, ni des idées. Ce sont : 1° des faits de l'ordre physiologique ; 2° des lois intellectuelles, des habitudes d'esprit, nullement des actes, des pensées.

Si une ligne divisée me paraît plus longue qu'une ligne égale où on n'a tracé aucune division, c'est un effet de l'habitude. Dès l'enfance, nous avons pris l'habitude de mesurer les longueurs au nombre des points d'arrêt que la vue rencontre (par exemple, la longueur d'une route au nombre des arbres). Cette habitude est devenue invincible ; elle joue, nous le reconnaissons, le rôle de prémisse — et de prémisse inconsciente — dans notre appréciation fausse de la relation entre les deux segments de la ligne ; mais cette prémisse n'est pas un jugement, elle n'est qu'une tendance à juger ; et si nous contestons l'inconscience des jugements, nous reconnaissons l'inconscience des habitudes, l'inconscience des tendances intellectuelles.

L'illusion sur la grandeur apparente des astres à l'horizon est certainement due, comme l'a fort bien expliqué M. Colsenet, à la fusion de l'image mentale, qui est très grande, avec l'image visuelle, qui est beaucoup plus petite. De plus, cette fusion des deux images est inconsciente ; c'est encore vrai. Mais, ici encore, ce qui est inconscient, ce n'est pas l'acte de l'esprit ; c'est l'habitude ; c'est aussi et surtout le mouvement organique accompli dans le cerveau. Grâce à l'habitude de vivre au milieu des objets terrestres, je suis arrivé à me les représenter sous une certaine grandeur moyenne, si bien que je ne remarque plus la faible augmentation ou la faible diminution de l'angle sous lequel je les vois, quoique cet angle change à chaque pas que je fais. Cette image moyenne, toute mentale, fusionne, en vertu d'une loi physiologique, avec l'image réelle. En effet, on sait que l'image mentale et l'image réelle agissent en même temps sur la même région du cerveau ; c'est l'opinion, du moins, de tous les psycho-physiciens actuels [1]. Il en résulte que les objets terrestres ne nous paraissent pas tels qu'ils devraient nous paraître, si nous ne jugions de leur grandeur que par l'angle visuel ; nous les voyons sous une apparence plus petite que l'image mentale, et plus grande que l'image réelle. Or, quand les astres sont à l'horizon, nous les mesurons aux arbres ou aux maisons qui se projettent sur eux : il s'ensuit que leur apparence augmente en proportion de l'agrandissement apparent des arbres et des maisons. Nous ne faisons ici que répéter l'explication même de M. Colsenet ; mais, ce qu'il est inutile de supposer, c'est que cette fusion de l'image mentale et de l'image réelle soit le produit d'un raisonnement inconscient, puisqu'elle résulte, nous l'avons vu, d'un phénomène tout physiologique.

La même fusion des deux images explique les illusions sur les couleurs. Le gris, en plein soleil, devrait me paraître blanc ; mais je sais par la mémoire qu'il est gris ; je me le représente comme gris ; il se fait donc dans mon cerveau deux impressions superposées de blanc et de gris ; je vois du gris-clair. En cela encore il n'y a d'inconscient que le phénomène cérébral.

Ainsi l'examen des faits cités en faveur des idées inconscientes n'aboutit qu'à prouver *l'inconscience des conditions physiologiques* de la pensée et *l'inconscience des lois innées* ou *habituelles* de l'esprit. *La pensée en acte* et la *volition* sont toujours plus ou moins conscientes : tout le reste peut appartenir à l'inconscient ; là est la ligne de démarcation.

1. V. Ribot, *Maladies de la mémoire*, p. 10.

CHAPITRE II

THÉORIE DE LA CONSCIENCE

I. — Tout, dans la perception, s'explique par la conscience et la raison.
— La *localisation* tient à la conscience de mon effort et de sa direction.
— Loi de la *réaction inverse*. Explication de la vision droite par cette
loi.
II. — La mémoire se ramène à la conscience. La conscience est la *forme*
de la connaissance expérimentale.
III. — Rapports de la conscience et de la raison.
IV. — La raison d'être de la conscience est la liberté. — Elle n'existe que
par la liberté ou pour la liberté.

I

Si la conscience est inséparable de tout acte intellectuel,
ne pourrait-il pas se faire que toute pensée se réduisit en
dernière analyse à un acte de conscience, interprété par la
raison ?

Essayons de vérifier cette hypothèse par l'analyse de la
perception et de la mémoire.

Tout d'abord, observons que la croyance à la réalité du
monde extérieur est fondée sur un *fait de conscience* et
sur une *loi de la raison*. Le fait de conscience est le sentiment de mon effort ; la loi de la raison, c'est le principe
de causalité ; puisque mon effort personnel rencontre un
obstacle, il faut bien que cette résistance ait une cause
réelle dans un objet extérieur [1].

---

1. On a contesté cette intervention du principe de causalité dans la perception. La perception, a-t-on dit, est un *fait primitif* : l'enfant perçoit
avant de s'être fait le raisonnement suivant : « Tout phénomène a une
» cause ; or j'éprouve une sensation qui s'impose à moi ; donc elle a une
» cause extérieure. » Par conséquent la croyance au monde extérieur précède tout raisonnement ; c'est une intuition instinctive, un fait primitif.
Oui, c'est un fait primitif ; mais la croyance au principe de causalité est
également primitive et instinctive ; donc elle peut intervenir dans un fait
primitif.

Il y a du reste un moyen bien simple de nous assurer que la loi de cau-

Non seulement la croyance au monde extérieur, mais encore tous les jugements que nous portons sur les qualités des corps, leur étendue, leur situation dans l'espace, sont déterminés par la conscience de l'action motrice que nous exerçons sur ces corps et de la réaction qu'ils exercent sur nos organes. L'idée de corps extérieur n'est que l'idée d'une résistance qui arrête, retarde le mouvement de nos organes. Donc le principe de la perception est dans la conscience de notre force motrice.

Constatons d'abord que nous avons conscience de nos mouvements et de leur direction, non pas toujours, mais seulement quand ils dépendent de nous, quand ils sont l'œuvre de notre volonté, ou quand la volonté a besoin de les connaître pour réagir en sens inverse. Lorsque je marche, même les yeux fermés, je sais très bien si je vais en avant, en arrière, à gauche ou à droite ; je sais si je baisse ou si je lève la main, le doigt, et quel doigt je remue : ma liberté sait donc en quel sens elle agit. Mais si je suis en wagon, je n'ai qu'à fermer les yeux, et je ne sens plus en quel sens marche le train. Il y a plus : il y a des moments où je ne sais pas si le train est en mouvement ou en repos. On peut constater ce fait quand deux trains se croisent à une station. L'un des deux se remet en marche avant l'autre : je ne sais pas si c'est le train où je me trouve qui se met en mouvement, ou bien celui qui va en sens inverse ; pour m'en assurer, j'ai besoin de regarder si les maisons semblent marcher. Dès qu'un aéronaute a perdu de vue les objets terrestres, il ne sait plus si le ballon monte ou descend ; il a besoin, pour le reconnaître, de consulter son baromètre[1]. Le cavalier, il est vrai, a conscience de la direction dans laquelle son cheval l'emporte ; mais c'est qu'il le dirige par le mouvement de ses mains et de ses genoux. En un mot, la conscience de la direction de nos mouvements implique la cons-

salité intervient dans notre croyance à la réalité du monde extérieur. Supposons — pour quelques instants — qu'il puisse y avoir des phénomènes sans cause : immédiatement je pourrai croire que mes impressions visuelles et tactiles sont sans cause réelle.

1. C'est par la même raison que nous ne sentons pas la terre tourner ; n'étant pour rien dans ce mouvement, le Moi n'en peut avoir conscience.

cience de notre liberté, parce que c'est la liberté qui choisit cette direction. C'est là une loi très importante par ses applications ; c'est par elle que s'explique toute la perception.

La localisation des mouvements explique à son tour la localisation des sensations ; en effet, *je localise la sensation dans la partie du corps dont le mouvement fait varier la sensation :* ainsi je localise dans l'œil la sensation visuelle parce qu'en fermant ou en rouvrant l'œil je fais disparaître ou reparaître cette sensation.

Pour mesurer la distance, c'est encore la conscience qui me fournit les données nécessaires. Par le toucher je localise les objets à la distance qui résulte de l'écartement de mes doigts, de la longueur de mes mouvements, du nombre de pas qu'il faut faire pour atteindre l'objet. Par la vue, l'appréciation de la distance est moins précise ; mais en général je mesure la distance au nombre et à la durée des mouvements que mes yeux exécutent. Je la mesure encore au degré de lumière ; ce qui est obscur demande plus d'efforts pour être bien vu, le travail de l'œil est plus grand ; voilà pourquoi un objet dans l'obscurité, semble plus éloigné. Voilà pourquoi, encore, les objets intermédiaires, les points d'arrêt que l'œil rencontre ralentissent l'œil dans le parcours de la ligne ; et puisque le temps mis à parcourir la ligne est plus long, elle nous paraîtra plus longue qu'une ligne égale sans subdivisions. Ainsi s'expliquent les illusions visuelles citées plus haut ; ainsi s'explique pourquoi l'horizon nous paraît plus éloigné que le zénith. Ce n'est pas un travail inconscient de l'esprit qui produit ces illusions et les rend invincibles ; c'est au contraire l'absence de tout travail conscient ou inconscient qui nous rend incapables de redresser ces illusions. Nous sommes réduits pour tout critérium à la conscience de la rapidité ou de la lenteur avec laquelle nous dirigeons les mouvements de nos yeux ; nous devons donc juger nécessairement de la longueur d'une ligne d'après le nombre des points d'arrêt ; et c'est ce qui n'arriverait pas si nous avions un second critérium conscient ou inconscient pour suppléer dans le cas actuel à l'insuffisance de la conscience. Voilà donc une illusion qui, loin de s'expliquer par l'inconscience, s'explique par l'absence de toute rectification.

Du pouvoir de localiser mes mouvements et de la conscience que j'ai de leur direction résultent encore mes appréciations sur l'étendue et la position des corps. Je connais l'étendue par la *pluralité des résistances*. Si pour atteindre les limites d'un corps il faut écarter les doigts ou les mains, je juge de sa grandeur à cet écartement plus ou moins grand. La troisième dimension m'est révélée tout d'abord par la résistance que le corps, tenu dans ma main, oppose à la jonction de mes doigts. Cette connaissance résulte encore de ce que les résistances du corps ne viennent pas du même côté. Mais comment savons-nous de quel côté vient la résistance du corps ? Par la conscience de la réaction que j'oppose à cette résistance. J'ai conscience de la direction dans laquelle je réagis ; j'en conclus que la résistance du corps extérieur s'exerce en sens inverse. Une balle élastique vient frapper ma main en rebondissant ; elle agit sur moi de bas en haut ; il me suffit, même les yeux fermés, de sentir que je réagis de haut en bas pour percevoir que la balle m'a frappé de bas en haut.

Cette loi, que nous appellerons la *loi de la réaction inverse*, explique tout naturellement certains problèmes relatifs à la vision, dont on a souvent cherché bien loin la solution. Pourquoi voyons-nous les objets droits quand l'image rétinienne est renversée ? Descartes l'a expliqué fort bien dans sa *dioptrique*. Le sens de la vue n'est qu'un toucher plus délicat ; les rayons lumineux sont comme de petits bâtons avec lesquels nous touchons les objets. Supposons donc, dit Descartes, un aveugle qui tiendrait un bâton dans chaque main, et qui s'aviserait de croiser les bras ; il percevra très bien que l'objet touché par le bâton de la main gauche est à sa droite, et que l'objet touché par le bâton de la main droite est à sa gauche (Au lieu de deux bâtons on pourrait supposer tout simplement que nous croisons deux doigts, l'un de la main gauche, l'autre de la main droite). De même les rayons lumineux se croisent ; ceux qui aboutissent au *bas* de ma rétine viennent du *haut* de l'objet ; ils me frappent

de haut en bas ; donc je réagis par un mouvement de la rétine dirigé de bas en haut, suivant le même rayon. Par conséquent, je vois les points supérieurs de l'objet à l'origine
supérieure de ce rayon lumineux, c'est-à-dire à leur vraie
place. Réciproquement, le bas de l'objet envoie des rayons
lumineux qui frappent le haut de ma rétine ; je réagis contre
ces rayons qui viennent de bas en haut par un mouvement
de ma rétine ; ce mouvement est dirigé de haut en bas ; donc
je vois en bas les points inférieurs de l'objet, de même que
je vois en haut les points supérieurs ; en un mot, je vois
chaque point dans sa véritable direction : j'apprécie ainsi
la hauteur de chaque chose, de chaque partie de la chose,
par *la nature et l'espèce de ma réaction personnelle*.

Cette explication, fondée uniquement sur l'interprétation
d'un fait de conscience, avait déjà été indiquée avant Descartes par Képler ; elle a été trop longtemps oubliée ; mais
la science y revient de nos jours. « Voir », dit M. Giraud-
Teulon, dans la *Revue scientifique* (1868) « n'est autre
» chose que *sentir un objet hors de soi*, et dans la direc-
» tion même où il se trouve. C'est un toucher médiat à dis-
» tance.... Les impressions communiquées à la rétine....
» sont projetées en dehors de nous *sur les lignes mêmes*
» *de direction visuelle*.... Ce n'est point l'habitude, ni l'é-
» ducation, ni les enseignements du toucher qui nous font
» voir droit ; la rétine voit les objets où ils sont. » Remar-
quons cette expression : « voir c'est sentir un objet hors de
» soi et dans la direction où il se trouve ». Sentir l'extériorité d'une chose, la direction d'un choc lumineux ou sonore,
n'est-ce pas sentir notre réaction, notre effort, la direction
de cet effort volontaire ? La conscience de ma volonté est
donc bien la mesure d'appréciation que j'applique aux
choses.

On s'est encore demandé pourquoi nous ne voyons pas
les objets doubles. Chaque œil perçoit une image différente
de l'objet : comment se fait la fusion de ces deux images visuelles en une seule image mentale ? Il faut pour cela, dit
M. Colsenet, « que les données, préparées et modifiées par
» des procédés inconscients, soient fondues par un procédé

» psychique inconscient [1] ». Cet appel à l'inconscient est, nous semble-t-il, absolument inutile ; tout s'explique ici, en effet, par la conscience. J'ai conscience de la direction convergente de mes deux yeux : donc je juge que l'objet est situé sur une ligne intermédiaire, au point de cette ligne où se coupent les rayons partant de l'œil gauche et les rayons partant de l'œil droit. La vue peut se comparer au toucher. Lorsque je tiens ma plume enrte le pouce et l'index de la main droite, j'ai deux sensations : 1° une sensation de pression sur le pouce ; 2° une autre sensation de pression sur l'index. Pourtant, je n'ai qu'une perception ; je ne sens qu'une plume ; et la raison en est bien simple. Mon index réagit de droite à gauche ; mon pouce réagit de gauche à droite contre la pression de la plume ; donc la cause de cette pression (ma plume) est à gauche de mon index, et à droite par rapport à mon pouce ; en un mot, la plume occupe une région unique (ou plutôt continue) de l'espace ; elle ne forme donc qu'une seule masse, un seul objet ; et l'écartement de mes deux doigts est la mesure de son épaisseur. Ainsi, *nous croyons à l'unité de l'objet quand nos organes convergent, dans leur réaction, vers un même centre de résistance.*

Appliquons cette loi à la vision. Je suis en face d'un arbre, et je regarde un certain point de cet arbre. Le point en question est à gauche par rapport à mon œil droit ; il est à droite par rapport à mon œil gauche. En le regardant, je fais converger vers ce centre unique les rayons partant de mes deux yeux. De l'œil gauche, je le vois un peu à ma droite ; de l'œil droit, je le vois un peu à ma gauche : donc je le vois à la fois à gauche de mon œil droit, à droite de mon œil gauche, c'est-à-dire là où il est réellement situé ; et puisque je vois l'objet là où il est, je ne saurais le voir double. Mais si, par une pression de mes doigts, j'empêche mes deux yeux de faire converger leurs efforts vers un centre unique, aussitôt je vois les objets doubles. Toutefois les deux images tendent à se rapprocher peu à peu : quelle

1. Colsenet, *De la vie inconsciente de l'esprit*, p. 70.

en est la raison ? C'est que, malgré la pression du doigt, l'œil comprimé de haut en bas fait, par instinct, des mouvements pour reprendre sa place naturelle ; il arrive ainsi à se remettre en harmonie avec l'autre œil ; les rayons visuels redeviennent convergents. C'est donc bien la convergence des yeux qui produit l'image simple, leur divergence qui produit l'image double. Or, j'ai conscience de la direction de mes yeux — par conséquent j'ai conscience de leur convergence — par le sentiment même de mon effort ; cette conscience, ici encore, est la mesure de ma perception. Mon état interne est le signe, et le signe unique qui me permet de conclure à l'objet externe. En un mot, la perception est une fonction de la conscience.

Toutefois cette conscience de mes efforts et de leur direction s'atténue, comme l'effort même, par l'habitude. La chose signifiée, d'ailleurs, c'est-à-dire l'objet extérieur, m'intéresse ordinairement plus que le signe, c'est-à-dire la conscience de mon effort ; or l'attention croît et décroît en raison de l'intérêt. J'arrive donc à n'avoir qu'une conscience assez vague des modifications du Moi ; mais il faut bien cependant que j'en aie une conscience sûre, quoique vague et rapide : car, si j'ignorais la direction de mes réactions contre l'objet, comment connaitrais-je la direction du mouvement extérieur et la position de l'objet ? Peut-être même l'origine de l'idée d'espace est-elle dans cette conscience de mon effort : l'espace ne serait-il pas tout simplement : « la totalité des directions dans lesquelles je conçois les actions et les réactions possibles d'une force motrice ? »

II

L'analyse de la perception nous a permis de rejeter l'hypothèse des *idées inconscientes* et de ramener, en définitive, la perception à des faits de conscience interprétés par la raison comme signes des réalités extérieures[1]. Mais, si le rapport de la perception avec la conscience est facile à éta-

1. C'est donc, en somme, la raison qui objective nos sensations.

blir, il n'en est pas de même des rapports entre la mémoire et la conscience : c'est un problème où l'on se heurte à des contradictions apparentes qui semblent défier toute explication. Si, d'une part, on considère le phénomène du souvenir, il semble que la mémoire s'identifie avec la conscience. En effet, qu'est-ce qu'un souvenir ? Un état présent de conscience représentant des états passés de conscience. En ce cas, on peut dire avec Royer-Collard : « Nous ne nous souvenons que de nous-mêmes... » [1]. Mais si, d'autre part, nous considérons le phénomène du *ressouvenir* et la *reconnaissance* qui l'accompagne, nous sommes en face de ce dilemme : « Ou bien je n'ai pas perdu ce souvenir, et alors je ne le retrouve pas ; ou bien je l'ai perdu, et alors je n'ai aucun signe pour le reconnaître ». Pour échapper à cette difficulté, on a eu recours à l'hypothèse des idées inconscientes : mes souvenirs sont restés dans l'esprit, mais ont disparu de la conscience. Ainsi la conservation des souvenirs impliquerait des millions de pensées inconscientes. Telle est la doctrine d'Hamilton et de Hartmann. D'autres, comme Stuart Mill, tombant dans l'excès contraire, ont nié la conservation des souvenirs ; ce qui reste en nous, disent-ils, ce ne sont pas nos idées, ce n'est qu'une capacité de les penser de nouveau. Une troisième solution consiste à supposer que nos souvenirs restent dans l'esprit, accompagnés d'une très faible conscience ; c'est ainsi, sans doute, que Leibnitz concevait les *idées latentes*, les *perceptions obscures* : en un mot, nos souvenirs ne sont pas absolument *inconscients*, mais *subconscients*. Nos souvenirs sont comme un capital intellectuel ; nous ne nous les avons pas perdus, mais placés ; ils sont en dépôt ; mais c'est un dépôt dont nous avons nous-mêmes l'administration ; nous savons où et comment y puiser, suivant les besoins de l'esprit.

Examinons successivement ces trois hypothèses : 1° celle des souvenirs restés à l'état inconscient ; 2° celle des vir-

---

1. Appliquée à la mémoire des faits, cette maxime est incontestable ; seulement on peut douter qu'elle soit applicable à la mémoire des idées et des mots.

tualités ou *tendances inconscientes* ; 3° celle des souvenirs *subconscients*.

Bien que la première hypothèse nous semble impliquer une vraie contradiction, revenons-y pour examiner encore une fois les arguments de ses défenseurs. On ne saurait, disent-ils, trouver l'explication du ressouvenir ni de la reconnaissance dans aucune hypothèse physiologique, ni dans aucune hypothèse psychologique, si ce n'est dans celle des souvenirs inconscients. En effet, essayons d'expliquer le retour d'un souvenir par le seul mouvement de telle ou telle fibre nerveuse ; de deux choses l'une : ou bien les vibrations cérébrales qui ont accompagné la production de la pensée ont continué, quoique plus faibles, jusqu'au moment où le souvenir reparaît à la conscience ; ou bien ces vibrations ont cessé avec la conscience de l'idée pour reparaître avec elle. Dans cette seconde hypothèse, il est impossible que je reconnaisse l'idée remémorée ; à quel signe puis-je deviner que je ne la pense pas pour la première fois ? « Dira-t-on que les mouvements, en se reproduisant, » sont plus aisés et plus libres ? Faible critérium... La re- » connaissance n'est possible que si l'idée reste de quelque » manière présente à l'esprit [1] ». Il faut donc admettre que « la » vibration commencée dans l'organisme lors de l'acqui- » sition d'une idée se continue de quelque manière ». En vain on objecterait que le nombre des vibrations cérébrales actuelles ne saurait égaler la multitude de nos idées passées ; car « le nombre des cellules du cerveau est incalcula- » ble. Dira-t-on que des mouvements en si grand nombre, » subsistant simultanément dans un même élément or- » ganique, se détruiraient ? Que l'on regarde la mer du » haut d'une falaise, et l'on verra les grandes ondulations » qui viennent du large arriver, sans se détruire, jusqu'au » rivage, à travers les ondulations plus petites de toutes les » vagues ». De même les vibrations cérébrales produites par nos pensées se continuent indéfiniment et durent toutes simultanément ; du moins, elles ne cessent qu'au moment

---

1. Colsenet, *La vie inconsciente,* p. 222-226.

de l'oubli définitif, conséquence de cette cessation. Or, à ces vibrations cérébrales dont je n'ai pas conscience doivent correspondre des pensées : puisque le fait organique n'est pas anéanti, le fait psychique ne doit pas l'être non plus. D'ailleurs, si le fait psychique, si l'idée avait absolument cessé d'exister, comment cette idée pourrait-elle renaître ? Par le renouvellement des vibrations ? Mais alors, la reconnaissance reste encore inexplicable ; car il n'y a rien ni dans le phénomène organique, ni dans l'esprit, qui rattache l'idée renouvelée à l'idée ancienne, rien qui nous permette de les comparer entre elles. Il y a solution de continuité dans la mémoire, si le vide apparent entre l'oubli et le renouvellement de l'idée consciente n'est pas rempli par la continuité inconsciente des vibrations cérébrales et la continuité également inconsciente de l'idée qui correspond à la vibration de la cellule. Ainsi les explications physiologiques ne sont vraiment satisfaisantes qu'en les complétant par l'hypothèse des *souvenirs inconscients*.

En vain supposera-t-on, ajoute le même auteur, que les souvenirs oubliés laissent dans l'esprit une tendance, une disposition active, une habitude en vertu de laquelle ils pourront renaître spontanément. « Mais que serait cette » disposition active, indépendamment de tout acte pro- » duit ?... *Quod non agit, nec existit*, disait Leibnitz ; une » activité nue, indéterminée n'est pas. Or, comment peut » agir une activité dont l'acte est l'idée, si ce n'est par une » idée au moins commencée ? Il reste donc en nous, sinon » l'idée ou la représentation complète telle que la cons- » cience la retrouvera plus tard, au moins l'acte élémen- » taire et primitif qui la constitue : ce qui persiste dans la » mémoire, c'est plus qu'une pure aptitude », plus même qu'une tendance, un pouvoir prochain, déterminé à la production future de l'acte, « c'est un fait psychique, corres- » pondant, sans aucun doute, à un fait organique [1]. »

Cette argumentation est vigoureuse, pressante, et on doit même reconnaître que, dans la conclusion, il y a une partie

---

1. Colsenet, *De la vie inconsciente*, p. 225.

de vérité. Oui, il reste dans la mémoire « plus qu'une pure aptitude » à la reproduction du souvenir : oui, il faut que le souvenir laisse, en disparaissant, quelque chose de lui-même, et que ce reste devienne comme notre capital intellectuel ; sans cela, je ne pourrais pas reconnaître l'idée à titre d'acquisition passée ; je ne pourrais pas « saluer en elle », comme dit Fontenelle, « une vieille connaissance ». Jusqu'ici, d'accord. Mais la question est de savoir en quoi consiste cette propriété personnelle de mes anciens souvenirs ? Ne serait-ce pas dans une tendance à les reproduire spontanément, sans provocation des objets extérieurs ? Une telle tendance est déjà beaucoup plus que la simple aptitude au souvenir, admise par Stuart Mill. Dira-t-on que toute tendance se manifeste nécessairement par un commencement d'acte, et que, par conséquent, si j'ai une tendance permanente à reproduire les idées passées et les vibrations cérébrales correspondantes, elles se reproduisent actuellement, à tout instant, bien qu'à un faible degré ? Mais est-il bien vrai que toute tendance produit toujours, en toute circonstance, un commencement d'acte ? Oui, si la tendance n'est pas neutralisée par une autre force : si au contraire elle est neutralisée, son action est nulle. Or il y a dans l'esprit, et ajoutons dans l'organisme, des tendances qui se contredisent et ne peuvent passer à l'acte en même temps. Dans le domaine des faits vitaux et des mouvements instinctifs, les tendances les plus fortes empêchent l'action des plus faibles. Dans le domaine des faits intellectuels, tantôt les impressions les plus vives effacent les moins vives ; tantôt la liberté fait un choix, et donne tour à tour la prédominance aux unes sur les autres. Celles qui cessent de prédominer cessent d'agir ; mais leur activité n'attend que la suppression de l'obstacle pour se manifester de nouveau. C'est ce qui arrive pour nos souvenirs ; ceux que la force involontaire de l'impression ou le libre choix de la volonté ne fixent pas dans notre esprit, sont éclipsés par d'autres souvenirs. Il est probable que le fait organique suit la destinée du fait mental : quand ma volonté chasse une image et la remplace par une autre, elle modifie par là les vibrations cérébrales. Mais que ma volonté cesse d'agir, et ces vibrations cérébrales reprendront le cours naturel de leurs mouvements, suivant la ligne de moindre résistance. Ainsi, la persistance d'une disposition active et déterminée, qui demeure et dans l'esprit et dans l'organisme, explique le retour du souvenir. Explique-t-elle également la reconnaissance ? Nous n'osons pas l'affirmer. Il est vrai que la doctrine des souvenirs inconscients ne l'explique pas mieux ; en effet, si un souvenir a disparu entièrement de la conscience — fût-il resté dans l'esprit, — comment la conscience peut-elle le reconnaître ? Devant l'insuffisance des deux premières explications, l'insuffisance absolue des *souvenirs inconscients* qui n'expliquent rien, l'insuffisance relative des *tendances permanentes*, qui expliquent le ressouvenir, mais non pas la reconnaissance, il faut avoir recours à une hypothèse complémentaire, à celle des *souvenirs subconscients*.

Avec cette troisième hypothèse, la difficulté diminue : il est certain que, dans bien des cas, nous reconnaissons des idées parce que leur souvenir, associé en nous à certaines impressions vagues, ne s'était jamais entièrement effacé. Mais d'autres fois nous reconnaissons des idées que nous avions entièrement oubliées. Ainsi, même la *subconscience* ne nous donne encore qu'une explication incomplète de la reconnaissance. N'ayant pu trouver la solution complète du problème dans aucun état de l'âme, ni dans les phénomènes de conscience passagère, ni dans la subconscience, ne devons-nous pas la chercher dans la conscience permanente ? Nous appelons de ce nom la conscience que nous avons, non pas de nos états psychiques, variables et fugitifs, mais de notre personnalité, de notre Moi permanent et identique.

Observons d'abord que les souvenirs impersonnels — ceux que nous rapportons à la mémoire des idées — peuvent revenir à notre pensée sans être accompagnés de reconnaissance. Ce sont alors de simples réminiscences. Ces idées ont pour objets des rapports vrais par eux-mêmes et absolument indépendants du sujet qui les conçoit. Tout au contraire, pour les souvenirs qui ont comme objets des faits, nous les reconnaissons presque toujours dès qu'ils nous reviennent à l'esprit. Cela vient de ce que le Moi a été acteur ou spectateur de ces faits. Dans les cas où la reconnaissance des idées a lieu, c'est que ces idées avaient produit une certaine émotion sur le Moi ; ou bien encore, c'est qu'en revenant souvent à ma pensée, elles avaient formé une habitude d'esprit ineffaçable, habitude que j'avais souvent constatée en moi et qui était devenue ainsi la propriété du Moi. Ainsi le phénomène de la reconnaissance a lieu ou n'a pas lieu suivant que la pensée primitive a consisté dans la perception d'un fait subjectif ou qu'elle a eu pour contenu un rapport purement objectif, sans relation à ma personnalité. Dans le premier cas, la reconnaissance est essentielle au ressouvenir ; dans le second, nos pensées antérieures ne sont reconnues que par accident, et grâce à leur liaison passée avec nos états personnels.

Cette loi une fois constatée, il faut bien en conclure que la conscience de notre personnalité est une condition indispensable de la reconnaissance. Elle en est même la condition principale, et voici pourquoi. L'esprit n'est pas une simple collection de phénomènes ; une telle conception de l'esprit est une fiction, commode pour l'analyse des faits, mais tout abstraite et qui ne répond pas à la réalité [1] . La véritable nature de l'esprit, c'est d'être une substance, une force identique et permanente ; c'est une personne, un être libre, chargé de gouverner sa propre activité, et par conséquent capable de la connaître. Si je connais le Moi comme une personne, je connais les modifications du Moi comme des modifications personnelles ; je connais mes pensées, mes impressions, comme étant *miennes*. Lorsque je les oublie, elles conservent une tendance à reparaître, et elles reparaissent, on l'a vu, dès que cette tendance n'est plus neutralisée par d'autres tendances, ni par les efforts que fait

---

1. Cette manière commode et toute fictive de considérer l'esprit comme la *somme de ses états* est analogue à la fiction géométrique, également commode pour l'analyse, qui résout les corps en une somme de points abstraits. Mais les géomètres ne sont pas dupes de cette fiction ; ils savent bien qu'une infinité de points ne font pas des corps réels, et que, dans la réalité, les corps sont des sommes de forces concrètes, non des points.

l'esprit pour porter ailleurs son attention. Mais, en reparaissant, mes idées, mes impressions passées reparaissent telles que je les concevais avant qu'elles fussent sorties de ma mémoire ; or je les avais tout d'abord pensées comme des états présents du Moi ; je les avais ensuite gardées dans ma mémoire à titre d'états passés du Moi ; donc, quand elles renaissent, elles m'apparaissent encore comme telles. Des souvenirs que je n'ai connus que comme personnels ne sauraient revenir complètement que comme souvenirs personnels (sinon, ce ne sont que des souvenirs incomplets, de simples réminiscences).

Au fond, la mémoire des faits n'est pas autre chose que la conscience elle-même. La mémoire des idées est la raison, développée en nous par l'habitude de penser[1]. On oppose souvent la mémoire à la conscience ; mais alors on entend par conscience « la connaissance du Moi réduite à un point de la durée infiniment petit » ; or une telle conception n'est qu'une pure abstraction ; tout phénomène réel de conscience a une certaine durée :

> Le moment où je parle est déjà loin de moi.

La conscience présente n'est qu'un élément infinitésimal de la conscience totale, comme la molécule d'eau n'est qu'un élément de l'Océan ; or la *conscience totale* est la mémoire ; car tout phénomène complet de conscience comprend dans une synthèse indivisible le passé et le présent : en effet, le Moi ne peut se connaître sans comparer ses états entre eux, j'entends ses états successifs, ou, tout au moins, ses états immédiatement successifs. Ainsi la conscience implique un *commencement* de mémoire, ou plutôt la mémoire est la conscience diffuse dans le temps ; c'est la conscience connaissant mes états présents comme présents et mes états passés comme passés.

Reste à expliquer comment la conscience arrive à faire le discernement du présent et du passé. On a expliqué ce discer-

---

1. La mémoire des mots doit-elle se rapporter à celle des idées ou à celle des faits ? Il semble qu'elle se rapporte à l'une et à l'autre ; la mémoire du son, du signe est la mémoire d'un fait ; mais la mémoire du sens attaché au son est quelque chose de plus et suppose la raison.

nement par le degré de clarté ou d'intensité des images ; car cette intensité est plus grande, en général, dans la perception actuelle que dans le souvenir, et elle décroît proportionnellement à l'éloignement dans le temps. C'est là une première explication ; mais elle est incomplète ; car certains souvenirs passés ont parfois plus de vivacité que certaines perceptions présentes. Cherchera-t-on une explication physiologique ? Mais la physiologie, au lieu d'expliquer comment se fait le discernement de l'image perçue et de l'image remémorée, rend au contraire ce problème encore plus difficile à résoudre ; car les deux images ont lieu dans la même région du cerveau et consistent dans les mêmes vibrations [1]. J'ai vu un cheval ; sa vue fait vibrer certaines cellules cérébrales ; je ferme les yeux, je pense à ce cheval ; les mêmes cellules vibrent de nouveau et reproduisent les mêmes mouvements. Il semble donc que je devrais confondre les deux images, et non les discerner. Il est vrai, les vibrations reproduites par le souvenir sont plus faibles qu'elles n'étaient la première fois, quand j'ai perçu l'objet. Mais alors je devrais prendre l'image remémorée pour une perception faible, pour la perception d'un objet vu de loin ou vu dans un demi-jour. Ainsi l'intensité plus ou moins vive de l'image cérébrale n'explique pas la distinction du présent et du passé. Il faut donc recourir à un critérium psychologique, à un fait de conscience. La conscience est un *sens de la durée*, parce que la *durée* est la suite de mes états internes, et que j'ai conscience de mes états internes. J'ai l'intuition de l'ordre dans lequel ils se succèdent ; j'ai conscience de ce que j'ai été comme j'ai conscience de ce que je suis. Seulement cette intuition a des bornes, parce que nos états passés sont innombrables et notre connaissance est finie.

Ainsi la conscience explique tout dans la mémoire de mes états internes. Pour la mémoire des objets externes, elle est, comme la perception, une induction fondée sur la raison, une conclusion tirée de mes sensations passées, à l'aide du principe de causalité.

1. V. Ribot, *Maladies de la mémoire*, p. 10.

III

La raison, qui interprète la conscience, est par là même distincte de la conscience. Elle est supérieure à la conscience, puisqu'elle nous donne l'idée de l'Infini et du Nécessaire, tandis que la conscience nous donne seulement le Moi et ses actes, c'est-à-dire le fini et le contingent. La raison et la conscience ne peuvent donc avoir la même extension et la même compréhension qu'en Dieu seul : en l'homme, ces deux facultés sont irréductibles ; mais l'une suppose l'autre : la raison est la forme, la conscience est la matière, le contenu de la connaissance.

Les formes de ma raison, étant des états permanents de mon esprit, peuvent exister en moi sans que j'en aie conscience ; mais ce ne sont que les conditions de mes actes intellectuels, et non les actes mêmes. L'acte ne peut résulter que de l'union de la forme et de la matière, ou, en termes moins scolastiques, de l'application de la raison aux données de la conscience.

Cette distinction nous amène à chercher quelles sont les formes *à priori* de la raison, et quelles sont les données de la conscience. La critique de Kant n'a-t-elle pas trop diminué la part de la conscience ?

D'après Kant, les formes *à priori* de la raison sont :

1° Les *intuitions* pures (temps, espace) ;

2° Les *catégories* de quantité (unité, pluralité, totalité) ; de qualité (réalité, négation, limitation) ; de relation (substance ou inhérence, causalité ou dépendance, et réciprocité) ; de modalité (possibilité, être, nécessité) ;

3° Les *idées*, qui se résolvent toutes dans l'idée de l'Infini. Il faut ajouter l'idée du Bien, qu'il attribue à la raison pratique ; celle de Finalité et celle du Beau qu'il réserve au jugement réfléchi.

Il faut évidemment accorder à Kant qu'à la raison seule on doit rapporter l'idée d'Infini. Il en est de même de l'idée du Bien ; la conscience morale n'est que la *raison impérative*. Le goût esthétique est encore la raison ; car le Beau est

« l'ordre aimable par lui-même », le symbole du Bien. En un mot, toute idée conçue comme absolue vient de la raison ; c'est une forme *à priori* de l'esprit. Sur ce point, Kant est inattaquable.

En est-il de même des *catégories* et des *intuitions*? Ne sont-elles pas des données de la conscience, transformées par la raison, c'est-à-dire par l'idée de l'Infini ? Les concepts d'*unité*, de *pluralité*, de *réalité*, de *négation*, de *limitation*, de *causalité*, de *réciprocité* sont essentiels à tout acte de conscience. Je me connais comme un être *un* et indivisible ; mais en même temps je connais mes états présents et passés comme *multiples* ; j'ai conscience de la *réalité* de mon existence, et en même temps j'ai conscience d'être *limité*. Je me sens *cause* de mes actes volontaires, et tout ensemble je perçois la réaction des forces extérieures. Dans la pluralité de mes actes, perçus comme successifs, est impliquée la *durée* ; dans la pluralité simultanée de mes efforts musculaires (dont j'ai conscience dans la mesure où ils sont volontaires), et dans la réaction simultanée de toutes les forces extérieures, se trouve impliquée l'idée d'*étendue*. Ainsi toutes les catégories de quantité, de qualité, de relation sont des données de la conscience.

Quant aux catégories de modalité, sont-elles autre chose que l'application de l'idée de l'Infini aux concepts de réalité et de causalité ? L'idée de l'*Infini* unie à celle de *réalité* et de *causalité* devient l'idée de *toute-puissance* et d'*Être nécessaire*. La toute-puissance, dans l'Être nécessaire, implique le pouvoir de produire le *contingent*, et par conséquent la *possibilité* des êtres contingents. Cette possibilité est sans bornes, puisqu'elle est corrélative à la Puissance infinie ; elle constitue la quantité indéfinie, car l'indéfini n'est autre chose que l' « infini dans l'ordre des possibles » (*infinitum in potentia*, comme dit fort bien la scolastique). Appliqué à la durée, ce concept de *possibilité indéfinie* est l'idée de *temps* ; appliqué à l'étendue, il devient l'idée d'*espace*. Que sont en effet le temps et l'espace, sinon la somme des phénomènes réels et possibles et la somme des corps réels et possibles ?

Sur l'idée de *possibilité indéfinie*, soit en étendue, soit en durée, sont fondées toutes les mathématiques. Sur les deux concepts de *nécessaire* et de *contingent* est fondée la métaphysique. Ainsi toutes les sciences *a priori* ont pour conditions essentielles les concepts de la catégorie de modalité. Mais ces concepts de modalité ne sont que la *forme* et non la *matière* des sciences rationnelles ; la matière est fournie par les concepts que la conscience trouve en elle-même. Ainsi, en mathématiques, si la forme est le concept de *possibilité indéfinie*, la matière est la *quantité* ; et c'est la conscience qui trouve en elle-même la notion de *l'unité*, parce que le moi est *un*, et la notion de *pluralité*, de multiplicité, parce que mes actes sont multiples. En métaphysique, la forme est le concept du *nécessaire*, le concept du *contingent* ; mais la matière que l'esprit *subsume* à ces concepts consiste dans la notion de *cause* et dans la notion de *phénomène* : or, c'est dans la conscience que je trouve le type de la cause ; c'est en elle que je trouve le type du phénomène, c'est-à-dire le type du variable, le type du *passage de la puissance à l'acte*.

Ainsi la conscience qui est, nous l'avons vu, la *forme* de la connaissance expérimentale, fournit la *matière* de la connaissance rationnelle.

Nous pouvons en conclure que la conscience n'est pas seulement un *témoin* de nos actes intellectuels, mais un *agent* essentiel de ces actes. La connaissance rationnelle sans la conscience serait une forme sans matière, puisque l'œuvre de la raison ne consiste qu'à appliquer l'idée de l'Infini ou les catégories de modalité aux concepts fournis par la conscience. La connaissance expérimentale, sans la conscience, serait au contraire une matière sans forme, un ensemble de phénomènes sans personne à qui ces phénomènes soient capables d'apparaître. Donc aucune sorte de connaissance n'existe que par la conscience et dans la conscience. Une *pensée inconsciente* est décidément chose inconcevable et absolument contradictoire.

IV

La conscience, étant essentielle à tout acte de connaissance, est par là même nécessaire à tout acte de volonté. A moins de changer le sens des mots, comme Schopenhauer, qui définit la volonté : « une force inintelligente », on ne peut appeler volonté que le mouvement de l'âme vers un bien connu comme tel. De plus, avec la connaissance du but, la volonté suppose la connaissance des moyens. Hartmann lui-même en convient ; et, s'il parle de volonté inconsciente, c'est qu'il admet la possibilité, et même la réalité, d'une pensée inconsciente, qu'il donne comme contenu à cette volonté.

On peut distinguer en tout homme une volonté *habituelle*, et une volonté *actuelle*. La première est une disposition ferme et non interrompue de notre âme, résultant de nos volitions antérieures, de nos intentions, de nos engagements avec nous-mêmes. C'est un état plutôt qu'un acte ; comme tout état permanent, cette disposition, cette volonté générale n'a pas besoin pour exister que j'en aie conscience à tout instant. Mais la volonté actuelle, c'est-à-dire la résolution, la volition qui choisit, est nécessairement consciente ; tout acte, en effet, qui ne procède pas de l'intelligence, est un résultat mécanique de l'organisme, un *instinct*. Toutefois, si la volition est accompagnée de conscience, n'est-elle pas déterminée par des motifs inconscients ? Evidemment non ; car, si cela était, nous ne serions pas libres. Or, c'est précisément ce que veulent les partisans des motifs inconscients. Ils n'ont jamais vu ces motifs, ils n'en ont aucun indice ; mais il faut bien qu'il y ait de tels motifs ; car s'il n'y en avait pas, nos actes seraient libres ; et que deviendrait alors le grand principe du déterminisme universel ? Ce principe que les adversaires de la liberté ont érigé en axiome, ce principe qu'ils donnent pour indiscutable, et au nom duquel ils condamnent comme illusoires les faits les plus manifestes, ce principe tel que Hume l'a créé, tel que Kant l'accepte lui-même, au moins pour le monde des phénomènes [1], consiste

---

1. *Dialectique transcendantale* ; 3e antinomie.

à supposer que tout phénomène, toute manière d'être, toute action, même volontaire, est *déterminée par l'état de choses antécédent*. Il en résulte, une fois ce postulat admis, que d'un certain état donné ne peut sortir qu'une seule action ; il n'y a ni choix ni liberté. En vertu d'une illusion que l'on cherche vainement à expliquer, mais que l'on affirme avec une pleine assurance, l'homme s'imagine qu'il choisit lui-même et librement ; mais c'est une cause cachée qui choisit en nous ; et cette cause, cachée dans les profondeurs de notre esprit, ne nous laisse aucune conscience de son action : ou plutôt, elle nous donne une fausse conscience, en nous faisant croire que nous sommes libres, et que nous choisissons librement, lorsque c'est elle qui nous impose son choix. Tout n'est donc qu'illusion dans la plus intime de nos intuitions. Mieux vaut douter de ce que je vois, de ce que je sens, que de mettre en question le principe du déterminisme !

Nous aurons à examiner plus tard la valeur de ce prétendu principe, à en démêler l'équivoque, à montrer que les déterministes ont pris pour une loi universelle de la raison, pour un principe *à priori* de toute science, un simple fait expérimental, une propriété de la matière inerte, constatée uniquement dans les phénomènes matériels. Par quelle inférence étrange transporter cette loi de la matière à ma volonté ? Il faudrait, pour légitimer une telle prétention, commencer par démontrer scientifiquement l'inertie de la volonté et la matérialité de l'esprit. Jusque-là, le déterminisme qui règne dans le monde physique n'aura rien à voir dans la question de la liberté humaine. Dira-t-on que ma volonté, intimement liée aux fonctions de mon cerveau, doit être soumise, en vertu de cette liaison, au déterminisme qui régit l'organisme ? Oui, cela doit être, à moins que ce ne soit au contraire ma volonté qui soustrait mon cerveau au déterminisme absolu des fonctions vitales : or ma conscience me révèle que ce second terme de l'alternative est précisément le vrai, puisque mes mouvements et mes pensées dépendent souvent de ma volonté. Quel motif aurais-je de douter de ma conscience ? Mais il y a plus :

non seulement la liberté est un fait que la conscience atteste,
mais elle est la condition, l'origine même de la conscience,
au moins de la conscience nette et distincte ; par conséquent,
elle est une condition de la certitude, la condition de toute
pensée réfléchie. Sans la conscience de ma liberté, je ne
saurais discerner clairement le *moi* du *non-moi*.

Pour nous en convaincre, reportons-nous à l'analyse de
la perception. La perception nous a apparu comme une
fonction de la conscience et de la raison. J'ai conscience de
l'activité du *moi*, et en particulier de mon activité motrice ;
j'ai conscience de la direction que j'imprime à mes organes.
Au nom du principe de causalité, je crois à l'extériorité de
ces forces qui s'opposent ainsi à mon action ; au nom du
même principe, je conclus à la direction des mouvements
extérieurs qui réagissent en sens inverse de mes organes.
Mais, pour sentir qu'une force s'oppose à la mienne, il faut
sentir que je suis maître de mon action ; il faut, dans le
sentiment de ma liberté, trouver la marque et la délimita-
tion de ma personne. Sans la conscience de mon libre choix,
de mon libre effort, je ne percevrais pas l'obstacle qui s'oppose à ce libre effort. De plus, pour connaître la direction
de mes mouvements organiques, il faut en être la cause volontaire, ou tout au moins y contribuer volontairement : ma
conscience, ici encore, n'existe que par l'exercice de la liberté. Ainsi, on l'a vu, nous ne sentons pas la direction d'un
bateau, d'un ballon, d'un wagon, parce que notre volonté
n'exerce aucune action sur ce mouvement ; et si le cavalier
a conscience de la direction suivie par son cheval, c'est qu'il
le dirige lui-même. Si je sais, même les yeux fermés, de
quel côté vient un choc, c'est que je réagis en sens opposé.
En un mot, je ne connais le monde extérieur que par la
conscience de mes propres mouvements ; et je n'ai conscience de mes mouvements que si la liberté les produit ou
contribue à les diriger, à les accélérer, à les ralentir, à réagir sur eux et contre eux. Donc ma liberté est l'instrument
de la perception externe ; c'est la pierre de touche qui me
permet d'apprécier les actions des choses extérieures à l'aide
de celles que le moi exerce.

C'est également grâce à la liberté que je peux distinguer, pendant la veille, les perceptions, les impressions réelles produites sur moi par les objets extérieurs d'avec les images subjectives de la mémoire ou de l'imagination. Réciproquement, c'est par l'absence de la liberté que, dans le rêve et l'hallucination, ce discernement est impossible et l'illusion rendue inévitable. La preuve que la liberté est ici le seul principe d'explication, c'est que, d'après les lois physiologiques, si les forces organiques agissaient toutes seules, ce discernement devrait être toujours impossible. Nous avons vu plus haut que l'impression cérébrale produite par le souvenir est identique à celle qui a été produite par la perception ; elle occupe même, d'après l'opinion des physiologistes contemporains, les mêmes cellules cérébrales que l'impression primitive. A quoi donc pouvons-nous distinguer l'image mnémonique d'avec l'image réelle d'un objet présent ? Est-ce à la différence d'intensité ? Ce serait un critérium bien insuffisant, car il y a des perceptions très faibles et des souvenirs très vifs. Le vrai critérium est dans la conscience de ma liberté ; l'objet réel produit sur mon cerveau une impression que ma volonté libre ne peut pas modifier ; donc cette impression ne vient pas de moi ; elle vient d'une réalité étrangère distincte du Moi.

La contre-épreuve nous est offerte par les illusions du rêve. Avec ma liberté disparaît le critérium qui, tout à l'heure, nous servait à distinguer la réalité d'avec l'image subjective. Le Moi est aussi impuissant, dans le sommeil, à modifier les images mentales que, dans la veille, à modifier les images réelles. Il doit prendre forcément pour réelles les visions du rêve, puisque sa liberté ne peut rien contre elles. En vain le conflit, la contradiction des représentations étonne l'homme qui rêve ou l'homme halluciné : cet étonnement ne suffit pas pour le détromper [1], et cela doit être. En effet, c'est une loi de la nature que l'image cérébrale est de sa na-

_____

1. Parfois, en rêve, on se demande si on ne rêve pas ; on doute, on cherche à douter. Mais ce cas n'a guère été observé que dans les rêves qui reviennent plusieurs fois, et que nous nous rappelons avoir reconnus antérieurement pour faux, au réveil.

ture hallucinatoire ; nous l'objectivons ; le conflit, la contradiction des images n'empêche pas cette objectivation. Pour neutraliser l'effet de cette loi naturelle, il faut absolument une cause libre, une cause capable de résister au déterminisme de l'image. Cette liberté, je la retrouve au réveil. Grâce à elle, pendant la veille je peux suspendre mon jugement, et soumettre à l'examen l'image cérébrale. C'est ainsi seulement que j'arrive à discerner les perceptions réelles d'avec les images subjectives. Ainsi, sans ma liberté, qui me permet de distinguer la réalité extérieure des créations de ma pensée, que saurais-je de la nature ? Je ne connais d'elle que l'obstacle qu'elle oppose à l'extension de ma force ; je ne l'aperçois que comme la limite de ma liberté. La liberté est donc la matière, le contenu de la conscience. Sans doute, je connais aussi beaucoup de phénomènes involontaires ; mais si j'en ai conscience, c'est seulement lorsqu'il importe au Moi de les connaître : par exemple, j'ai conscience de la douleur ; il le fallait, pour que ma liberté pût chercher les moyens d'y remédier. Encore, si la douleur m'avertit d'un désordre organique, je ne puis la localiser directement, parce qu'elle n'est pas volontaire ; je n'y arrive qu'indirectement, et par la localisation des mouvements volontaires qui amènent l'augmentation ou la diminution de la sensation. Pour les mouvements que ma liberté n'a aucun intérêt à connaître et qu'elle n'est pas appelée à diriger, comme les mouvements vitaux et la plupart des actes d'instinct, je n'en ai aucune conscience. Ainsi on pourrait résumer l'origine et la raison d'être de la conscience en disant qu'elle a ou sa cause efficiente ou bien sa cause finale dans la liberté.

Toute la théorie de la conscience nous semble pouvoir se résumer dans les lois suivantes :

1° Le *Moi* se connaît *tel qu'il est*, comme *substance*. Il connaît de plus ses actes, dans la mesure où il a besoin de les connaître ;

2° La mémoire n'est que la conscience elle-même qui connaît ses actes présents comme présents et ses actes passés comme passés ;

3° L'expérience, la connaissance sensible, n'est possible que par la conscience. Le *Moi* se connaît par sa libre action ; il connaît le *non-moi* par l'obstacle à sa libre action ;

4° La conscience elle-même n'est possible que par la raison. Je ne puis me connaître comme cause *finie* que par l'idée d'une cause *infinie* ;

5° La conscience accompagne toute pensée ; elle est la *forme* de toute pensée empirique ; elle fournit la *matière* de toute pensée rationnelle ;

6° La conscience accompagne tout acte de volonté ; elle n'existe même que *par* la liberté ou *pour* la liberté : la liberté est la condition même de la conscience claire, et par suite une condition de toute certitude, un *postulat de la vérité.*

Cette union de la conscience et de la liberté constitue la personnalité. En vain on a essayé de réduire cette notion de personnalité à une série bien liée de phénomènes. La conscience, qui relie ces phénomènes, en est distincte ; elle suppose une substance identique et permanente, en qui les phénomènes se succèdent et qui en fait la synthèse, dans l'unité d'une seule et même perception. Ce pouvoir que nous avons de faire dans notre pensée la synthèse simultanée des phénomènes successifs prouve avec évidence que l'acte de conscience est absolument irréductible au mouvement. La conscience, en effet, dit un psychologue contemporain, « réunit *d'une seule vue le présent au passé* ; son essence » est d'être une synthèse ; or tous les efforts des physiolo- » gistes ne feront jamais que le mouvement soit capable de » devenir une synthèse : ils ont, cependant bien compris » que, pour engendrer la conscience, il fallait qu'il eût ce » pouvoir. Voilà pourquoi, en accumulant dans les centres » nerveux des impressions et des mouvements multiples, » ils espéraient que du choc et de la coordination mécani- » que de ces impressions allait jaillir la conscience ; ils ou- » bliaient que *des chocs mécaniques, si rapide qu'en soit* »*la succession, ne sauront jamais rien de la durée qui les* » *sépare,* et que chacun est isolé en soi comme s'il n'en

» existait pas d'autres [1]. » Qui donc les saisira tous ensemble, sinon un être capable de réunir dans une intuition simultanée des mouvements successifs ? Et puisque cette représentation est simultanée, tandis que les mouvements représentés sont successifs, il est clair qu'elle n'est pas un de ces mouvements ; elle est irréductible au mouvement, et par conséquent le sujet conscient ne saurait être une substance matérielle. J'ai donc conscience de ma spiritualité, de ma personnalité métaphysique ; ajoutons que j'ai conscience de ma personnalité morale ; car, en même temps que je me sens cause, je sens que j'ai une fin ; je perçois l'obligation que m'impose une loi d'un ordre supérieur. Ainsi la conscience morale est vraiment, comme son nom le dit bien, inséparable de la conscience psychologique. L'une m'atteste mon pouvoir, l'autre m'ordonne ce que je dois vouloir. Par l'une je me sens libre, cause première en une certaine mesure, affranchi de la détermination fatale qui semble régner dans la nature ; par l'autre, je me sens tenu de conformer cette volonté libre à la volonté suprême qui constitue l'ordre, la bonté et la beauté de toute chose.

1. Hannequin, *Introduction à l'étude de la psychologie*, 39.

CHAPITRE III

THÉORIE DES PHÉNOMÈNES INCONSCIENTS ET DES PHÉNOMÈNES SUBCONSCIENTS

I. — L'inconscient dans la vie et dans l'instinct.

II. — De l'inconscient dans l'*exécution* des ordres donnés par la volonté consciente.

III. — De l'inconscient dans la formation du caractère. — De l'habitude et des états habituels.

IV. — Des phénomènes subconscients dans la mémoire.

V. — Leur rôle dans les opérations de l'entendement.

VI. — Perception subconsciente pendant le sommeil. Des illusions maladives ; double personnalité.

I

Si la conscience est essentielle à tout acte d'intelligence et de volonté, et si, par conséquent, le domaine de l'activité inconsciente de l'âme est borné à la *vie* et au *mouvement*, ce domaine est encore immense. L'âme, il est vrai, n'agit en ses fonctions inconscientes qu'à titre de cause seconde ; mais les effets qu'elle produit sont tellement merveilleux et par leur incalculable multiplicité et par leur précision à atteindre leur but, qu'ils méritent toute l'attention du psychologue. Sans doute, l'activité inconsciente n'a aucune initiative ; elle n'est maîtresse ni de son action ni de sa direction : du moins, comme puissance exécutive, elle opère tant de prodiges que la science, tout en les constatant, n'en peut expliquer tous les mystères. Sans pénétrer dans le détail de ces milliers — ces milliards peut-être — d'actions et de réactions adaptées avec une précision infinie à un but, nous pouvons du moins rapporter à deux classes principales ces actes inconscients :

a) L'âme ignore à la fois et le but qu'elle poursuit et les moyens qu'elle emploie ; elle ignore même qu'elle agit : c'est le cas de l'activité vitale, et souvent même de l'instinct.

b) L'âme sait ce qu'elle veut, le but qu'elle poursuit ; mais elle ignore absolument le détail des moyens infiniment compliqués qu'elle emploie.

Dans le premier cas, l'âme agit comme instrument d'une volonté supérieure ; elle prépare, en développant la vie, l'avènement de l'intelligence et de la volonté ; elle en maintient les conditions organiques ; elle travaille, inconsciente, sous l'impulsion consciente de Dieu, en faveur de la conscience humaine. Dans le second cas, l'activité psychique est aux ordres de mon intelligence et de ma volonté quant au choix du but ; elle n'est qu'aux ordres de Dieu — et aux ordres du mécanisme que Dieu a monté — quant au choix des moyens. Mais, dans les deux cas, l'Inconscient agit comme le plus fidèle et le plus habile des serviteurs. Qu'il exécute les ordres de Dieu ou les miens, on peut se fier à lui : il est bien dressé, car il est dressé par la Toute-Puissance divine, avec laquelle il ne se confond pas, comme le suppose Hartmann, mais à laquelle il obéit avec une rigoureuse exactitude.

Ce rôle de serviteur dévoué et indispensable que l'Inconscient joue à chaque instant dans notre existence, n'a peut-être jamais été mieux décrit que dans le *Voyage autour de ma chambre*. Qu'est-ce que la *bête*, sinon l'Inconscient ?

« Je me suis aperçu par diverses observations que l'homme
» est composé d'une âme et d'une bête. Je tiens d'un vieux
» professeur que Platon appelait la matière *l'autre*. C'est
» fort bien, mais j'aimerais mieux donner ce nom... à la
» bête qui est jointe à notre âme. » On voit par cette phrase que la bête n'est pas le corps, le mécanisme organique ; il faut donc que ce mot désigne, pour X. de Maistre, une manifestation de l'activité spirituelle, bien qu'elle ait la régularité et l'inconscience d'un ressort. « J'ai fait, continue l'auteur,
» je ne sais combien d'expériences sur l'union de ces deux
» créatures hétérogènes... J'ai reconnu clairement que l'âme
» peut se faire obéir par la bête, et que, par un fâcheux
» retour, celle-ci oblige très souvent l'âme à agir contre
» son gré », à savoir quand l'âme a des distractions. « Dans

» les règles, l'une a *le pouvoir législatif*, l'autre *le pou-*
» *voir exécutif*. Le grand art de l'homme de génie est de
» bien savoir élever sa bête, afin qu'elle puisse aller seule,
» tandis que l'âme... peut s'élever jusqu'au ciel. Mais il faut
» éclaircir cela par un exemple. Lorsque vous lisez un li-
» vre, Monsieur, et qu'une idée plus agréable entre tout-à-
» coup dans votre esprit, votre âme s'y attache tout de
» suite et oublie le livre, tandis que vos yeux suivent ma-
» chinalement les mots et les lignes ; vous achevez la page
» sans la comprendre et sans vous souvenir de ce que vous
» avez lu. Cela vient de ce que votre âme, ayant ordonné
» à sa compagne de lui faire la lecture, ne l'a point avertie
» de la petite absence qu'elle allait faire ; en sorte que l'*au-*
» *tre* continuait la lecture que l'âme n'écoutait plus[1]. »

Malgré le ton de badinage qui règne dans cette fine analyse psychologique, c'est la page la plus savante et la plus
profonde qui ait été écrite au xviiie siècle sur les *phéno-*
mènes inconscients. L'auteur a discerné, avec toute l'exactitude d'un philosophe qui n'a pas de système, la coexistence
dans la même âme du pouvoir conscient et du pouvoir inconscient. Il a défini le rôle, la destination, les usurpations
même et les responsabilités mutuelles de ces deux pouvoirs.
L'âme, c'est-à-dire l'âme consciente, a besoin de la *bête*, c'est-
à-dire de l'activité inconsciente et réglée d'avance, pour se
reposer sur elle du détail, et s'élever jusqu'au ciel pendant
que *l'autre* va seule et sûrement au but. Cette *autre* n'est
pas seulement l'instinct, ce n'est pas seulement l'habitude ;
elle est bien tout cela, mais elle est encore la *force acquise*,
qui, en vertu d'une impulsion donnée primitivement par l'âme
consciente, continue automatiquement le mouvement pres-
crit (la lecture par exemple), même quand l'âme distraite a
oublié ce qu'elle a voulu. *L'autre* est donc la prolongation
inconsciente et involontaire de la volonté consciente. Elle procède de la volonté ; elle en tient tout ce qu'elle a de bon ou
de mauvais ; et quand cette *autre* se révolte contre l'âme,
c'est que, précédemment, l'âme lui avait imprimé des im-

1. *Voyage autour de ma chambre*, ch. 6.

pulsions qui contenaient en germe cette révolte : « Il vous
» sied bien, Madame », dit la bête à l'âme, « de me répri-
» mander comme vous faites et de vous donner des airs de
» vertu. Et n'est-ce pas aux écarts de votre imagination et
» à vos extravagantes idées que je dois tout ce qui vous dé-
» plaît en moi [1] ? » Ainsi la conscience a sa part de responsabilité dans les actes de l'Inconscient, parce que l'Inconscient agit souvent en vertu d'un premier mouvement qu'il a
reçu d'elle [2].

Ce rôle secondaire que X. de Maistre donne à l'Inconscient
est moins transcendant que celui dont Hartmann le gratifie.
Il faut bien cependant se résigner à ne voir qu'une cause seconde dans l'activité aveugle et automatique. Toute cause
inconsciente est finie de sa nature, et ne peut travailler qu'en
sous-ordre. Hartmann attribue la direction suprême, primitive, de toute chose à une cause qui s'ignore elle-même : mais
pour diriger, une cause doit pouvoir choisir ; pour choisir, il
faut se représenter simultanément les futurs, les actes possibles ; or un futur, un possible n'existe pas à titre de représentation matérielle, comme une image gravée sur la cire ;
donc toute représentation de l'avenir, tout choix suppose
une représentation idéale, une représentation qui n'est possible qu'avec la conscience et par la conscience. Tout choix,
par conséquent toute initiative, a son principe dans la liberté
et dans un esprit qui connaît à la fois ce qu'il est, ce qu'il
peut faire, ce qu'il fera et ce qu'il ne fera pas. Un esprit qui
voit tout cela est comme son propre miroir à lui-même ; il
est la *conscience*. Si donc toute cause première est nécessairement consciente, il faut bien admettre que l'activité inconsciente de l'âme, *l'autre*, n'agit qu'en sous-ordre : elle
n'a et ne peut avoir d'autre rôle que de transmettre des impulsions reçues par une cause supérieure. C'est à ce titre d'a-
gent aveugle et bien dressé que l'Inconscient pourvoit à l'ac-

1. *Ibid.*, ch. 39.
2. Toutefois, en constatant et en décrivant si bien le pouvoir de l'Inconscient, son rôle dans l'activité motrice et jusqu'à un certain point dans
les sensations confuses, X. de Maistre réserve à la conscience le domaine
de la pensée.

complissement des fonctions vitales ; il conserve, renouvelle, répare les millions de cellules vivantes, imperceptibles à nos sens par leur petitesse, inimaginables même, formées d'un tissu si fin, si délicat qu'un léger mouvement pourrait les détruire, et qui pourtant, sous l'action conservatrice et inconsciente de l'âme, résistent pendant des années à toutes les forces destructives.

On sait comment, en face de ces merveilles dont la vie du plus simple organisme nous offre le spectacle, Hartmann démontre l'impuissance d'une explication purement mécanique. Les forces physiques, chimiques, le contact de l'air, tous les chocs, les frottements extérieurs expliquent bien la décomposition des organes, la mort, mais non pas la vie. Hartmann demande comment une force purement physique pourrait avoir la vertu de réparer, de renouveler des organes lésés. La nutrition, sans doute, et la circulation agissent comme cause seconde ; mais quelle force est là, sinon une force intelligente, pour diriger l'action réparatrice de la nutrition sur les cellules dont il s'agit d'empêcher la décomposition, pour la répartir sur les organes qu'il faut reconstituer ou qu'il faut réparer ? C'est donc bien un principe spirituel qui maintient la vie, l'harmonie des organes. Mais si l'âme est le principe vital, la forme du corps, comment et pourquoi est-elle inconsciente de l'œuvre si merveilleuse qu'elle exécute ? Pourquoi ? C'est que, destinée à accomplir en sous-ordre ses fonctions de principe vital, et n'étant pas appelée à délibérer sur l'exécution des actes vitaux dont elle est l'agent, elle n'a aucun besoin de s'en rendre compte. Il serait même nuisible qu'elle les connût. Quel effroi ne serait pas le nôtre, si nous avions l'intuition des fonctions organiques dans tout leur détail ; si nous pouvions voir respirer nos poumons, battre notre cœur, circuler notre sang ; si nous percevions la délicatesse des tissus organiques, le nombre inconcevable et la ténuité des cellules cérébrales ; et si en même temps nous sentions notre action se disperser et se multiplier en chacune de ces cellules ! Le vertige nous saisirait, sans doute ; notre conscience, partagée entre les milliers d'actes dont l'accomplissement est pour nous une question de vie ou de mort, s'anéantirait comme en parcelles infiniment petites. Mais disons plutôt qu'une telle conscience serait impossible pour une intelligence finie. La conscience de l'homme a pour condition la concentration : l'activité vitale a besoin de se disperser comme à l'infini ; elle ne pouvait donc agir que sous l'impulsion supérieure de Dieu. Sous cette impulsion, elle opère infiniment plus de merveilles qu'elle n'en peut concevoir par la pensée.

Mais cette activité inconsciente qui sait tout diriger, pourvoir à tout, quand elle est elle-même dirigée par une volonté supérieure à la nature, voyons-la maintenant réduite à ses propres forces. Voyons ce qu'elle peut pour diriger elle-même les fonctions que Dieu ne lui a pas assignées et qu'il a réservées à notre volonté consciente. Philosophes qui croyez à la clairvoyance et à l'initiative de l'Inconscient, bandez vos yeux ; essayez de marcher en ligne absolument droite, et que l'Inconscient vous conduise ! Remettez-vous à lui du soin de vous diriger ; et si vous pouvez seulement faire cent pas sans dévier une seule fois, que la science et la philosophie s'inclinent et reconnaissent dans l'Inconscient un principe d'initiative, une force directrice, une intelligence capable de choix ! Mais quoi ! vous ne sauriez prendre la proposition au sérieux. Elle est sérieuse cependant, dans la mesure du système métaphysique de Hartmann, dont elle serait la vérification expérimentale. Reconnaissons donc que l'Inconscient, capable de tous les prodiges, doué d'une précision absolue dans le choix des directions quand il agit en sous-ordre, n'est plus, au contraire, qu'une force irrationnelle, livrée à tous les hasards, en dehors des fonctions qui lui ont été dévolues par une cause supérieure.

Mais, dira-t-on peut-être, dans l'instinct, dans les mouvements d'habitude, dans le somnambulisme, l'Inconscient manifeste son aptitude à diriger les mouvements ; il sait, par lui-même, les adapter à un but. Le somnambule marche souvent d'un pied plus sûr que l'homme éveillé ; un choix inconscient dirige sûrement le pigeon-voyageur vers un but déterminé : que serait, à côté de ces merveilles, une promenade de cent pas en ligne droite ?

Oui, sans doute, l'instinct exécute sans conscience des merveilles inexplicables ; mais c'est précisément parce qu'il est tantôt capable de produire les effets les plus compliqués, tantôt incapable des choses les plus simples, que nous sommes fondés à supposer de l'aide là où il fait mieux que la volonté et la conscience. Ce n'est pas l'intelligence inconsciente qui, chez les abeilles, choisit la forme hexagonale comme la plus apte à la construction des cellules ; ce n'est pas une intelligence inconsciente qui, chez les pigeons, discerne par les airs le chemin du retour. Nous ne dirons pas que l'abeille sait inconsciemment la géométrie, que le pigeon sait inconsciemment la topographie aérienne : nous dirons qu'ils n'en savent rien, mais qu'ils sont poussés inconsciemment par une force qui dirige leurs mouvements, et qui les a calculés avec une précision infaillible. L'instinct, comme la force vitale, n'est qu'une cause seconde ; et c'est comme cause seconde qu'il manifeste dans la nature l'intelligence infinie d'une cause supérieure à la nature.

II

Si, dans l'accomplissement des fonctions vitales et dans l'instinct, l'activité inconsciente de l'âme n'agit que par ordre de Dieu, c'est pour l'homme qu'elle travaille ; elle prépare le domaine de la liberté. Et quand ma volonté libre a choisi un but avec pleine et entière conscience, l'Inconscient rentre en scène pour exécuter ce que j'ai voulu : à lui seul Dieu a remis le soin de mettre en jeu le mécanisme organique nécessaire à l'accomplissement de ma volonté. On sait par quelles raisons Hume refuse à ma volonté toute influence sur l'exécution matérielle de l'acte voulu. Il allègue précisément, à l'appui de cette négation, l'ignorance absolue où nous sommes du jeu des nerfs et des muscles. Notre volonté ne peut agir sur nos muscles qu'en agissant sur les nerfs soumis à son empire, sur tel nerf et non sur tel autre, et en imprimant à ce nerf tel degré d'impulsion correspondant exactement à l'effet voulu. Nous voulons prononcer un mot : savons-nous sur quelle partie du cerveau, sur l'extrémité de quel nerf la volonté doit appuyer pour mouvoir telle corde vocale et non telle autre, pour la mouvoir d'une certaine façon et non d'une certaine autre ? De cette inconscience absolue de la volonté, Hume conclut que ce n'est pas elle qui produit le mouvement corporel, qu'entre ma volition et mes mouvements il n'y a qu'un rapport de succession, et en aucune manière un rapport causal ; Hartmann déduira du même fait une conclusion diamétralement opposée, à savoir que l'idée inconsciente exécute en secret les ordres donnés par la volonté ; au lieu de nier la causalité, il la transporte à l'activité *inconsciente* de l'esprit : mais, malgré l'opposition de leur conclusion, les deux philosophes ont mis en lumière le même fait, à savoir *l'exécution aveugle par l'activité inconsciente des ordres donnés par la volonté*. La volonté commande ; elle ignore les moyens à choisir, les ressorts à mettre en jeu, mais l'Inconscient dirige tout ce détail : je veux le but, et voilà que les organes se mettent en mouvement comme des esclaves fidèles, choisissant les meilleurs moyens pour satisfaire mes moindres souhaits ; sans eux ma volonté resterait sans action sur son empire inconnu.

Il y a là un travail alternatif de la volonté et de l'instinct, de la conscience et de l'Inconscient ; l'une pense et veut, l'autre est l'ouvrier du mouvement. Suivons ces différentes phases de l'activité humaine dans un exemple particulier ; considérons ce qui se passe chez l'enfant, depuis l'instant où il pousse son premier vagissement jusqu'à la première parole qu'il articule avec intention.

Le premier cri de l'enfant n'est pas un cri de douleur : c'est un mouvement reflexe, produit par le contact de l'air et des poumons ; c'est en même temps un mouvement de conservation, qui a pour but d'établir les fonctions normales des voies respiratoires. Jusqu'ici, l'action de l'âme est absolument inconsciente ; elle a la sûreté et la finalité de l'instinct. Au bout de quelques semaines, l'enfant commence à manifester l'activité des organes vocaux autrement que par des cris. Il émet — l'on ne peut dire encore qu'il articule — des sons, où la voyelle *a* se retrouve presque uniquement ; c'est une sorte de gazouillement gracieux, dont le but est certainement l'exercice des organes respiratoires : cette première voix de l'enfant est donc encore tout instinctive, comme toutes les premières manifestations de la faculté motrice. L'instinct, dirigé par la sagesse créatrice, n'a pu se tromper sur le choix des nerfs à mettre en mouvement, des cordes vocales à faire vibrer. Voilà comme le premier stade de la voix humaine. Avec le second, la conscience et la volonté vont paraître.

Lorsque la conscience est suffisamment éveillée, l'enfant entend sa propre voix ; il s'écoute jaser comme il se regarde remuer ; il reconnaît que ces petits gazouillements, dont le son lui est sans doute agréable, correspondent à certains efforts dont il ne se rend pas bien compte, mais qu'il se sent capable de produire. Il a expérimenté, sous la direction de l'instinct, ce pouvoir qu'il a de produire des efforts de gosier ; il essaie de s'imiter lui-même, et il reproduit ainsi volontairement les mêmes efforts ; les mêmes sons en résultent. Bien qu'il ne se doute pas des intermédiaires mis en œuvre, il n'a, pour les faire agir, qu'à reproduire l'effort primitif ; les intermédiaires, les nerfs, les muscles de la parole, les cordes vocales, la langue, tout s'agite, se coordonne en vertu de la force inconsciente qui en dirige, en associe, en adapte les mouvements. L'instinct (c'est-à-dire l'âme qui dirige sous la direction de Dieu) entre ainsi au service de la volonté de l'enfant qui a choisi le but ; l'Inconscient n'a fait que mettre au service de la liberté la précision infinie qu'il tient de l'action de Dieu. C'est comme le second stade de la parole.

Enfin, un peu plus tard l'enfant remarque et compare ses actes et ses sensations. Pendant qu'il regarde un objet, un jouet par exemple, il prononce un de ces sons primitifs ; il remarque la coïncidence ; il associe le son à l'objet en question : les deux termes restent liés dans son souvenir. Quand il reverra l'objet, il prononcera le son avec intention ; il a nommé l'objet et inventé un premier mot : ainsi l'enfant se fait à lui-même un langage. L'instinct et la volonté ont eu leur part tour à tour dans cette création de la parole ; l'instinct a provoqué une série de mouvements coordonnés ; la conscience de l'enfant a remarqué à la fois le résultat final de ces mouvements et l'effort initial dont le sentiment intime accompagne la perception du son prononcé ; sa volonté a reproduit cet effort initial ; l'instinct a reparu pour diriger, rectifier, préciser cet effort, que la volonté n'aurait sans doute reproduit qu'à peu près, parce qu'elle n'en a qu'une connaissance générale et approximative. L'enfant, désormais, sait reproduire à volonté la condition déterminante du mouvement vocal, et en général de tous les mouvements dont il a conscience. Il parle ; il a peu de mots, disons même très peu de syllabes ; aussi on sait qu'il applique le même nom à tous les objets qui lui semblent analogues ; il généralise : tel mot, qui désignait un certain oiseau, désigne bientôt pour lui tous les oiseaux, puis tout ce qui vole, jusqu'aux mouches. Tel est comme le troisième stade de la parole.

Mais cette langue primitive, création de sa propre activité, l'enfant l'oublie vite pour apprendre la langue maternelle. Ici, un nouveau problème se présente. L'enfant prononçait spontanément les sons faciles dont il a fait sa langue primitive ; il n'a pas eu, pour les reproduire volontairement, d'efforts inconnus à faire ; il en est tout autrement pour les mots que ses parents lui enseignent. Il y a des sons durs qu'il prononce d'abord mal, et parfois il les estropie pendant des années ; il arrive cependant peu à peu, en tâtonnant, à les articuler ; mais comment s'y prend-il ? qui dirige ses efforts vers le but voulu ? Sait-il quels mouvements des lèvres, de la langue, du gosier, correspondent à l'*r*, au *t*, aux lettres dures qu'il a de la peine à prononcer ? S'il fait des efforts au hasard, il n'arrivera jamais à parler ; et pourtant, en fait, il y arrive. Nécessité est donc de recourir encore ici à un instinct spécial, capable d'approprier les mouvements des organes vocaux à des sons déterminés idéalement dans la pensée de l'enfant. Cet instinct, dont l'action se manifeste en mille circonstances, est l'instinct d'imitation ; et il n'est lui-même qu'une application spéciale d'un instinct plus général, que l'on peut appeler le pouvoir moteur de la représentation. Une sensation imaginée est quelquefois ressentie ; et, presque toujours, un mouvement imaginé est un mouvement commencé.

Le somnambulisme, le vertige, sont des exagérations maladives de ce pouvoir moteur exercé par l'imagination ; mais il existe en un degré quelconque à tout moment ; et je n'ai conscience, tout au plus, *que du résultat*, nullement de l'impulsion produite par l'image sur le cerveau et transmise par le cerveau aux nerfs moteurs. C'est tout particulièrement cette forme de l'activité *inconsciente* qui se manifeste chez l'enfant, quand il apprend à parler ; il se représente les sons *tels qu'il les entend*, et son cerveau imprime immédiatement à tout le système vocal l'impulsion nécessaire à la production des sons imaginés. Le même pouvoir moteur de l'image, qui nous explique l'origine de la parole chez l'enfant, explique également toute l'éducation, et en général l'influence du milieu. Peut-être même l'action motrice de l'image se retrouve-t-elle à un degré plus ou moins faible à l'origine de tous actes volontaires ; et cela, à toute époque de la vie. Avant de vouloir, je me représente l'acte que je me propose ; cette représentation en facilite, en prépare l'exécution ; elle imprime une tendance à tout l'organisme, et cette tendance se réaliserait toujours, si la conscience et la liberté n'étaient là pour la surveiller, la réprimer, ou la diriger vers un autre but. Souvent, quand je pense à un mouvement, à un mot, inconsciemment je fais ce mouvement, inconsciemment je prononce à haute voix ce mot qui me préoccupe. Sans doute, j'ai conscience de ce mot, de l'idée correspondante, mais je n'ai pas conscience, dans le cas supposé, du mouvement qu'elle imprime à l'organisme ; et l'inconscience de ce mouvement est d'autant plus grande que la conscience de l'idée m'absorbe davantage. Dans le cas contraire, lorsque la conscience s'éveille, et que la liberté se jette en travers de l'exécution automatique du mouvement, alors l'impulsion motrice de la représentation est arrêtée ; d'autres fois, la volonté y consent et y coopère : mon libre arbitre reste donc tout entier ; ma responsabilité demeure entière, quoique la première suggestion soit toute mécanique. Ainsi l'acte peut être encore libre, même s'il ne commence pas, à proprement parler, la série des mouvements et s'il ne consiste qu'à réprimer ou à prendre à son compte la suite du mouvement. L'instinct fournit la matière de l'acte volontaire ; la liberté la repousse ou l'accepte.

Ajoutons cependant que ma liberté, outre le pouvoir de résister ou de céder à l'impulsion idéo-motrice, a encore celui de fixer dans ma pensée telle ou telle image, et d'influer ainsi sur la cause motrice dont elle veut aider l'action : par exemple, à la gymnastique un enfant hésite à sauter d'une plate-forme ; pour se donner de la résolution, pour assurer le résultat de cette résolution, il se figure le mouvement qu'il va faire ; il produit volontairement en lui-même une impulsion idéo-motrice, analogue à celle qui se produit involontairement chez les gens sujets au vertige. En un mot, on peut dire que *ma volonté prépare et dispose avec conscience des causes inconscientes* de mouvement [1].

Tel est le jeu merveilleux et toujours régulier de l'Inconscient et de la conscience : ils alternent et se suppléent dans toutes les phases de l'acte ; la conscience pense l'idée, l'Inconscient commence le mouvement qui tend à réaliser cette idée ; la conscience ne s'aperçoit de ce mouvement qu'une fois l'impulsion donnée. Alors l'âme résiste ou elle cède, à son gré, dans sa haute et pleine liberté : si elle résiste, l'Inconscient est vaincu ; si elle cède, l'Inconscient la sert et l'aide dans toute la série des mouvements auxquels elle a consenti, les facilite, les dirige, coordonne les gestes, suggère les paroles :

> .....Alterius sic
> Altera poscit opem res et conjurat amice.

III

Le rôle de l'Inconscient, si important dans la préparation et l'exécution des mouvements commandés par la volonté

---

1. Cependant ces causes inconscientes, en disposant ma volonté, en l'aidant, ne déterminent pas l'acte à elles seules : la volonté, même aidée, peut encore hésiter ou même refuser d'agir. Les impulsions idéo-motrices la servent ou la contrarient, mais ne l'asservissent pas.

consciente, n'est pas moindre dans les actes d'habitude et dans les états d'habitude.

L'habitude diffère de l'instinct en ce qu'elle est notre œuvre. Notre liberté consciente a créé la tendance, notre activité inconsciente la suit. Nous ne reviendrons pas sur les services que nous rend cette *autre*, services si bien décrits dans le *Voyage autour de ma chambre* ; constatons seulement que ce pouvoir donné à l'Inconscient, serviteur si fidèle souvent, parfois si tyrannique, a son origine dans notre volonté. Ici encore l'Inconscient n'est qu'un mandataire : seulement, dans l'instinct comme dans l'activité vitale, l'Inconscient est le mandataire de Dieu ; dans l'exécution des actes habituels, il est le mandataire de notre volonté personnelle.

Parfois ce mandataire empiète sur les droits du maître. La conscience doit donc toujours veiller et se faire rendre des comptes. Sinon, on peut dire, avec un poëte contemporain :

> L'habitude est une étrangère
> Qui supplante en nous la raison :
> C'est une ancienne ménagère
> Qui s'installe dans la maison.
>
> Elle est discrète, humble, fidèle,
> Familière avec tous les coins ;
> Et ne s'occupe jamais d'elle,
> Car elle a d'invisibles soins.
>
> Mais imprudent qui s'abandonne
> A son joug une fois porté.
> Cette vieille, au pas monotone,
> Endort la jeune liberté.
>
> Et tous ceux que sa force obscure
> A gagnés insensiblement
> Sont des hommes par la figure,
> Des choses par le mouvement.
>
> *(Sully-Prudhomme)*

Des choses ! c'est bien en effet la définition de ceux chez qui se manifeste surtout l'activité inconsciente : l'Inconscient est une chose ; c'est l'inertie, qui agit sans liberté, transmet l'impulsion telle qu'elle la reçoit, sans la pouvoir modifier ni diriger ; c'est la machine, qui exécute mieux que la volonté, mais qui n'existe que par la volonté. C'est la liberté qui en a calculé ou en aurait dû calculer tout le travail. Et malheur à la liberté qui a mal calculé ! elle n'est asservie que par sa propre création.

Le caractère, le tempérament même, subissent à tout instant cette influence de l'habitude. Ils se modifient sous l'effort de la liberté ; ils cessent de se modifier dès que l'effort cesse, et ils gardent la dernière forme reçue ; à plus forte raison, cette forme devient de plus en plus stable, si l'effort libre se renouvelle et agit dans le même sens. Il se constitue ainsi en nous des états permanents, qui, sans annuler la volonté actuelle, constituent une sorte de volonté habituelle : c'est un ensemble de tendances assez fortes pour repousser par elles-mêmes, sans effort nouveau, les actes que notre liberté a toujours ou le plus souvent repoussés, et pour se porter par elles-mêmes aux actes que notre liberté a souvent choisis. Cette volonté habituelle permet de conjecturer avec assez de vraisemblance, en bien des cas, les actions futures des hommes. Toutefois cette conjecture n'est jamais une prévision infaillible, sauf dans certaines circonstances exceptionnelles [1]. La liberté ne perd donc jamais ses droits. Ajoutons que la stabilité de ces dispositions inconscientes, de cette volonté habituelle, n'est pas absolue ; la liberté peut à la longue détruire ce qu'elle a créé en nous.

Tous ces états habituels confirment donc la conclusion déjà autorisée par l'étude de l'instinct : le rôle de l'Inconscient est un rôle de continuateur ; il n'agit que par délégation.

IV

Si la pensée n'est jamais tout à fait inconsciente, cependant la conscience a des degrés. La mémoire et toutes les

---

1. Par exemple, quand tous les motifs sont du même côté ; car, si la liberté est toujours capable de choisir entre des motifs même très inégaux, elle ne va pas jusqu'à agir sans aucun motif.

autres opérations intellectuelles nous présentent des alternatives de conscience claire et de conscience obscure, des déplacements d'ombre et de lumière. Ces augmentations et ces diminutions de conscience correspondent à la persistance du souvenir, au demi-oubli et au retour de l'idée.

Le domaine des pensées *subconscientes* (ou de faible conscience) s'étend très loin. La conscience voit un grand nombre d'idées à la fois, sous un jour inégal, mais assez nettement, pourtant, pour en percevoir l'ordre et l'enchaînement. Il en est de la conscience comme de la vision. Du haut d'une colline, j'aperçois un vaste paysage : la netteté des formes et l'éclat des couleurs diminuent en raison de l'éloignement, varient avec le degré de lumière ou d'ombre ; cependant je perçois assez nettement l'ensemble pour me rendre compte du cadre général, de la disposition orographique, topographique, et aussi de l'harmonie esthétique que présente le paysage. De même, la conscience voit se dérouler sous son regard toute une suite d'idées qu'elle a d'abord acquises successivement, mais qu'elle réunit maintenant dans une seule intuition et qu'elle ordonne d'après leurs relations mutuelles. Elle ne voit pas toutes ces idées dans le même détail ; elle ne saisit pas toutes les différences secondaires ; on peut même dire que cette perception du détail tend à s'effacer graduellement. Il y a, pour la conscience, un point sur lequel se concentre son attention ; c'est, pour ainsi dire, le *foyer* lumineux. Plus un point du vaste champ que sa vue embrasse est éloigné du foyer, plus la perception du détail est confuse. Mais, sans discerner toute la multiplicité, toute la variété de ce détail, la conscience perçoit, avec une grande sûreté d'appréciation, les rapports généraux de toutes les idées soumises à son intuition. Elle en saisit les relations logiques et les relations empiriques : et la connaissance de ces rapports est le fil conducteur qui nous permet de retrouver successivement chaque détail, à mesure que nous en avons besoin.

Prenons l'exemple d'un orateur qui a préparé soigneusement son discours. Au moment où il prononce la première phrase, que de pensées sont à la fois présentes à sa conscience ! Il a conscience non seulement des mots qu'il prononce et des idées qu'il exprime, mais encore des idées qu'il va exprimer et des mots qu'il va employer. De plus, il a conscience de la justesse des idées, de la propriété des termes dont il se sert et de leur valeur littéraire ou scientifique. Tout en prononçant sa première phrase, il pense à la seconde, à la troisième ; au moment où il va prononcer certains mots qui se présentent tout d'abord à sa pensée, il juge ces mots impropres et en substitue d'autres plus justes ou plus harmonieux. Ce travail si complexe se fait en un instant. De plus, l'orateur ne perd pas de vue l'objet général de son discours, la nature, l'espèce de la cause qu'il défend, la vérité de la thèse qu'il démontre. Il ne perd pas de vue, non plus, le plan qu'il a médité, la suite de ses arguments futurs, l'étendue qu'il compte donner à chaque développement. Il se rend si bien compte de cet ordre que, si l'une des idées réservées pour la fin se présente à lui au milieu du discours, il l'écarte ; et en l'écartant, il sait pourquoi il l'écarte, à quel moment il doit la reprendre. De même qu'il voit par avance toutes les lignes générales de son discours au moment où il le commence, de même aussi, à mesure qu'il approche de la fin, il se souvient très bien d'avoir dit ou de ne pas avoir dit telle ou telle chose : c'est ainsi qu'il évite les redites et songe à réparer les omissions.

Que d'objets multiples dans l'unité d'une intuition de conscience ! Et quelle diversité de nuances, quelles variations d'intensité dans la clarté ! L'idée que l'orateur développe, la phrase qu'il articule est le point central où l'attention porte le maximum de son effort ; c'est le foyer de la clarté ; tous les autres points sont plus ou moins éclairés suivant qu'ils sont plus ou moins proches de ce foyer : mais, de même que l'obscure clarté qui tombe des étoiles permet encore de discerner à peu près le contour, la forme d'un objet, de même l'obscure clarté de la *subconscience* suffit au discernement des idées, ou tout au moins au discernement des groupes généraux dans lesquels nous avons rangé et classé nos idées particulières. Pour le discernement du détail, il se fait peu à peu. L'orateur qui, dès le début, se représente nettement la suite de ses arguments, n'a pas encore conscience des mots qu'il emploiera dans un quart d'heure, ou même dans une minute. Ces mots qu'il a pensés en préparant son discours, qu'il a peut-être écrits, appris par cœur, ne sont plus actuellement présents à son esprit. Nous ne dirons pas qu'il s'en souvient sans conscience ; il ne s'en souvient plus du tout. Comment donc reviendront-ils à sa mémoire ? C'est que, s'il a oublié les mots, les idées particulières, il se souvient, avec une demi-conscience, des idées générales auxquelles il avait précédemment associé tout ce détail, toutes ces nuances de pensée, toute cette variété d'expressions. Le cadre, les rapports, sont restés dans l'esprit à l'état subconscient. Or, à mesure que l'orateur avance dans son discours, son attention se déplace ; les diverses parties, qui sont comprises, pour ainsi dire, dans le champ visuel de la mémoire, se rapprochent tour à tour du foyer. Ce qui était subconscient devient pleinement conscient ; et une fois que les idées générales sont revenues à la pleine conscience, le détail des phrases et des mots reviendra à son tour, en vertu des lois de l'association.

On pourrait multiplier les exemples. Les choses se passent de même chez l'écolier qui récite une leçon, chez le professeur qui fait un cours, chez l'artiste qui chante en jouant du piano. Ils ont une pleine conscience de chaque mot à mesure qu'ils le prononcent ; ils ont une conscience moins claire, et cependant certaine, des cadres, des formes générales qui renferment les développements particuliers : mais ils n'ont aucun souvenir actuel, ni conscient, ni même subconscient, des idées et des mots qui leur reviendront plus tard à la pensée ; la seule chose qui leur reste de ce détail dont le souvenir est perdu, c'est la tendance à le retrouver, à penser de nouveau chaque idée, chaque mot pensé antérieurement. Ces souvenirs perdus, qui ne demandent qu'à revivre, ne disparaîtraient pas si l'esprit était infini et pouvait penser à tout en même temps ; s'ils ont disparu, c'est que l'esprit, obligé de diviser son travail, a porté son attention ailleurs ; ils reparaissent quand l'esprit reporte son attention vers le groupe d'idées auquel ces souvenirs perdus se rapportent.

Par conséquent, la doctrine qui admet la persistance des

idées à l'état, nous ne dirons pas inconscient, mais subconscient, est vraie pour les formes générales de la mémoire ;
celle qui admet l'oubli total des idées et la persistance de la
seule disposition à renaître, est vraie pour la matière de notre
mémoire [1].

Si nos souvenirs, en s'effaçant, tendent à se concentrer
dans une idée générale, nous suivons la marche inverse dans
la restauration volontaire du souvenir. Par exemple, je veux
me rappeler un certain vers d'Horace : si j'avais oublié non
seulement tous les mots, mais jusqu'à l'idée générale exprimée par ce vers, je ne pourrais pas même le chercher. Mais
je n'ai oublié que les mots ; l'idée est restée. Je me souviens,
de plus, que cette idée est exprimée en latin, en termes
brefs, contenus en un vers ou un vers et demi au plus. Ce
sont là des généralités. L'idée exprimée par ces vers est la
persistance des bonnes habitudes contractées dans l'enfance ;
je me rappelle que le poète s'est servi d'une gracieuse comparaison : autre généralité ; mais je ne sais plus de quelle
comparaison. En cherchant un peu, il me revient à l'esprit
que cette comparaison est empruntée à l'idée de parfum ;
c'est déjà moins général. Ensuite, soit effort de mémoire
soit raisonnement, je pense à un vase d'argile récemment
modelé : voici la métaphore poétique retrouvée en toute sa
précision. Les mots reviendront alors ; je me rappellerai :
« Servabit odorem » ; la mesure aidant, je retrouve enfin le
vers entier :

> Quo semel est imbuta recens, servabit odorem
> Testa diù.

En un mot, la conservation des idées se fait par la généralisation : grâce aux lois de l'association, les représentations

---

1. Sans doute, cette distinction entre les *formes* et la *matière* de nos
souvenirs, c'est-à-dire entre les cadres généraux et les idées particulières,
est toute relative. Une idée, particulière par rapport à une autre plus extensive, sera générale si on la compare à une idée moins extensive. De
plus, il peut se faire que par des causes spéciales, tenant aux circonstances, au tour d'esprit de tel ou tel, une idée particulière persiste dans la
conscience après la disparition d'une idée plus générale. Cependant la loi
— ou tout au moins le cas le plus fréquent — est l'effacement de l'élément multiple, varié, et la persistance de l'élément commun, qui demeure
dans l'esprit à l'état subconscient.

particulières sont rappelées par les idées générales où je les ai encadrées ; et ce rappel se fait en fixant avec attention l'idée générale qui a contracté précédemment, avec ces représentations particulières, une liaison psychologique et organique.

Pendant que ces représentations particulières n'étaient pas dans ma conscience, elles ne constituaient en aucune façon une connaissance actuelle ; toutefois on peut appeler *connaissance habituelle* la tendance permanente de mon esprit à les reproduire. La connaissance habituelle est donc un état de l'esprit tel que la simple volonté de penser à une chose — ou même une association fortuite — fasse renaître la connaissance actuelle. Telle est la connaissance que nous avons des mots d'une langue, que le mathématicien a des théorèmes géométriques. Cette connaissance est bien la propriété de l'esprit, puisqu'il dépend de l'esprit qu'elle renaisse ou non : or, pour l'usage pratique, c'est la même chose de savoir ou de savoir retrouver à volonté.

La connaissance habituelle, étant non pas un acte, mais un état, peut être inconsciente. Toutefois nous avons une conscience générale, non pas de tout le détail des souvenirs oubliés, mais du pouvoir de les restaurer ; cette conscience pourrait s'appeler conscience habituelle. C'est plutôt la conscience de ma valeur intellectuelle que de mes actes intellectuels.

V

Mais le souvenir n'est pas la seule opération intellectuelle où se manifeste cette alternative de la conscience complète et de la conscience obscure. Toute l'activité intellectuelle consiste dans l'art de régler, de proportionner ces états successifs. Si la volonté n'intervient pas, l'ordre habituel et l'intensité naturelle de nos vibrations cérébrales régleront seules la suite de nos pensées ; notre attention se portera au hasard et à peu près également sur toute sorte d'idées ; nous rêverons, nous ne réfléchirons pas. Ou bien, si l'esprit se fixe sur une idée, c'est la vivacité de l'impression sensible, non l'importance de l'idée, c'est la passion, non la raison, qui explique cette concentration de la conscience. Au contraire, si la liberté se réveille, elle réagit sur le cerveau ; elle en concentre toute l'activité dans les vibrations qui correspondent à la conception de l'idée que je veux spécialement considérer : c'est le phénomène de l'attention, ou de l'abstraction ; car pour être attentif il faut abstraire. Par l'abstraction je place au point lumineux l'objet que je veux considérer seul pour le moment ; je relègue dans l'ombre tout le reste ; je ne l'oublie pas, mais je le réserve, je le sous-entends. Ainsi le géomètre conçoit la surface par abstraction ; il n'oublie pas que toute surface suppose un volume, mais il concentre autant que possible sa conscience sur la surface ; il n'a qu'une idée subconsciente de la troisième dimension. En un mot, chacune des propriétés des choses vient à son tour au grand jour de la conscience, dans le moment où j'étudie cette propriété ; les autres restent dans la région de la conscience vague.

Comme il dépend presque toujours de ma volonté d'amener ou de ne pas amener chaque point d'une question au foyer lumineux, il en résulte qu'avec une bonne volonté j'ai bien des chances de voir tour à tour chaque côté de la vérité ; avec une volonté paresseuse ou partiale, je ne verrais qu'un seul côté : delà viennent la plupart des erreurs. Mal juger, c'est porter un jugement sur les choses dans un moment où nous avons une conscience complète de certaines qualités et une conscience vague de certaines autres ; c'est donc en somme l'état subconscient qui est la cause — au moins la cause déficiente — de nos erreurs. Du moins, si nous n'avions absolument aucune espèce de conscience du point de vue que nous négligeons volontairement, notre ignorance absolue nous excuserait ; mais la plupart du temps nous avons vaguement conscience d'avoir négligé ce point de vue ; nous cherchons à obscurcir encore cette faible conscience, à nous persuader que la vérité, vaguement entrevue, n'est qu'une chimère ou au moins un infiniment petit ; et c'est pourquoi l'erreur peut être indirectement le fait de notre volonté.

La généralisation s'explique également par un rapport d'inégalité entre la conscience complète et la conscience vague. Nous amenons au foyer lumineux l'idée des propriétés communes ; nous rejetons dans la région de la pensée subconsciente les propriétés particulières. Herbart l'a bien vu, et il a dit avec raison que l'idée générale est « le résidu qui demeure dans la conscience ». Toutefois, la généralisation ne doit pas se faire au hasard ; le retour plus ou moins fréquent de nos impressions cérébrales peut amener comme « résidu » certaines idées qui n'auront aucune valeur scientifique ; ainsi, lorsque les propriétés accidentelles des choses ou des animaux me frappent vivement, ce sont ces propriétés qui restent en pleine lumière dans mon esprit ; les propriétés essentielles sont à peine remarquées : alors je généralise mal. Il faut donc que la raison dirige la pensée, en fixe l'attention sur les caractères essentiels : c'est à la raison qu'appartient en définitive le droit de généraliser ; à elle de disposer les gradations d'ombre et de lumière, de conscience complète et de demi-conscience dans un ordre qui soit la représentation de l'ordre objectif et de l'essence des choses : à cette condition seule la pensée devient scientifique.

L'analyse et la synthèse, qui résument toute méthode scientifique, consistent également dans le passage du subconscient à la conscience complète. Avant l'analyse, je n'ai qu'une conscience confuse des propriétés de l'objet ; l'analyse ramène l'idée complexe à chacun de ses éléments : alors je peux me rendre compte de toute ma pensée ; j'ai conscience de la conformité adéquate de mon intelligence et de la chose pensée. En un mot, l'analyse est la conscience qui se complète en se concentrant successivement sur chaque élément de l'objet ; la synthèse est la conscience qui réunit et embrasse simultanément plusieurs des idées que l'analyse a éclaircies successivement ; l'analyse m'a donné une série d'actes de conscience simple et claire ; la synthèse produit un acte de conscience à la fois multiple et clair. *Penser, c'est donc tendre à la conscience complète* ; l'ignorance, l'erreur, la confusion et l'embarras, c'est *un mélange de conscience et d'idées subconscientes*. La subconscience n'est donc qu'un état provisoire des idées ; c'est l'état de la pensée qui se dégage à peine de la puissance pour passer à l'acte : la claire conscience seule constitue l'acte complet de la pensée.

Mais c'est surtout dans les jugements portés sur notre moralité personnelle qu'il faut craindre le demi-jour de la subconscience. On ne saurait trop méditer ces vers du fabuliste dans *la Besace* :

> Le fabricateur souverain
> Nous créa besaciers tous de même manière.
>
> . . . .
> Il fit pour nos défauts la *poche de derrière,*
> Et celle de devant pour les défauts d'autrui.

Cette « poche de derrière », c'est la *subconscience*. Nous n'ignorons pas absolument nos défauts ; si nous les ignorions tout à fait, nous serions excusables de ne pas chercher à les bien connaître et à nous en corriger. Nous en avons une conscience vague ; ils nous pèsent, et leur poids, comme celui de la seconde poche de la besace, nous avertit qu'il doit y avoir quelque chose de fâcheux ; mais nous rejetons ce quelque chose d'incommode hors la portée de notre vue ; nous ne voulons pas savoir ce que c'est ; et bientôt ce poids, devenu habituel, ne se fait presque plus sentir ; à la fin, il n'est plus du tout senti.

VI

Si l'état subconscient est celui de la pensée encore informe et en puissance, c'est aussi l'état de la pensée réduite à son minimum, de la pensée troublée ou plongée dans le sommeil.

Dans le sommeil nous ne sommes pas absolument inconscients. Sans doute, nos mouvements sont inconscients, mais non pas nos pensées. Parmi nos pensées, il faut distinguer entre les images du rêve, qui sont le plus souvent accompagnées d'une pleine conscience, et nos perceptions réelles, qui ne sont nullement anéanties, qui par conséquent ne sont pas inconscientes, mais qui durent (et probablement pendant tout le sommeil) à l'état subconscient.

Que les images illusoires des rêves soient accompagnées

d'une pleine conscience — du moins souvent, — c'est ce qui ne saurait être mis en doute, puisque nous nous en souvenons au réveil. Mais, si nous avons une entière conscience d'éprouver ces impressions, nous n'avons, en général, aucune conscience de leur fausseté. Nous avons vu plus haut que l'impossibilité d'échapper à l'illusion tient à l'absence de la liberté. Toutefois, si l'absence de liberté empêche, dans le rêve et dans l'hallucination, le discernement du vrai et du faux, elle n'empêche pas la conscience de notre pensée ni la conscience de notre identité personnelle. Il n'arrive guère que nous rêvions être d'autres personnes ; nous rêvons bien que nous remplissons les fonctions d'un autre, que nous exécutons les mêmes actes, que nous sommes tels que lui, à sa place ; mais c'est toujours moi qui suis à la place de cet autre. D'où vient donc que la conscience n'a pas disparu entièrement avec la liberté ? Comment notre personnalité subsiste-t-elle ? C'est qu'à défaut de notre liberté actuelle, nous avons le souvenir de notre liberté passée. Le rêve est fait d'images qui ont d'abord été dans la mémoire, avant d'être réunies bizarrement dans l'imagination. J'ai perçu ces images comme miennes ; je ne peux les revoir que comme je les ai perçues.

D'ailleurs, la liberté n'est peut-être pas entièrement abolie dans le sommeil. Très certainement l'homme n'est pas assez libre en rêve pour être responsable de ses résolutions ou de ses pensées ; mais il peut lui rester assez de liberté pour expliquer la persistance de la conscience pendant le sommeil.

Ce faible degré de liberté expliquerait également la conscience vague, confuse, mais cependant très certaine, que nous avons de nos perceptions vraies, tout en dormant. On dit dans le langage ordinaire que, dans le sommeil, on ne voit pas, on n'entend pas : cette manière de parler n'est pas rigoureusement vraie ; on voit très peu, on entend très confusément, mais on voit, puisqu'une grande lueur nous réveille ; on entend, puisqu'un grand bruit interrompt subitement notre sommeil ; ou bien, si l'on ne se réveille pas, on rêve de lumière, d'incendie, on rêve de tonnerre ou de canon. Ce ne sont pas seulement les perceptions intenses qui parviennent à notre conscience pendant notre sommeil ; de faibles perceptions nous réveillent, dès qu'elles nous intéressent : un de vos compagnons de voyage s'endort en wagon ; parlez de choses indifférentes, il ne se réveillera pas ; mais parlez de lui, ou bien d'un homme qu'il admire, d'un de ses ennemis personnels, d'une affaire qui l'intéresse ; il vous entend et se réveille à l'instant. On a observé souvent que les bruits inaccoutumés nous empêchent de dormir ; les mêmes bruits ne nous réveillent plus quand nous y sommes habitués : est-ce que, par l'effet de l'habitude, nous les percevons avec moins d'intensité ? Nullement : l'habitude, si elle émousse la sensation affective, perfectionne, au contraire, la perception. Mais nous ne donnons plus la même attention à un bruit qui n'a plus rien d'insolite ; nous ne jugeons pas que *ce soit la peine* de faire un effort d'esprit et de nous réveiller. Nous restons dans l'apathie, l'indifférence, pendant notre sommeil ; à ce très faible degré d'énergie volontaire correspond un simple état subconscient ; mais ce n'est pas l'inconscience ; et une preuve remarquable, c'est que nous mesurons, approximativement, le temps que notre sommeil a duré. Quand nous nous réveillons au milieu de la nuit, nous devinons avec une certaine exactitude l'heure qu'il peut être. A quoi en jugeons-nous ? Au degré de fatigue, ou de repos ? Mais après une longue marche je peux dormir très longtemps, être encore fatigué au réveil, et cependant apprécier avec assez de précision le temps que mon sommeil a duré. Il faut donc que j'aie mesuré la durée et conservé la mémoire de cette mesure. Mais comment la durée se mesure-t-elle, sinon par la succession plus ou moins longue des états de conscience ? Ainsi la conscience dure pendant le sommeil, et d'une manière à peu près continue ; et comme les états de conscience complète, à savoir les rêves bien nets et bien frappants, ne constituent probablement pas la totalité de cette trame continue, il est nécessaire d'admettre qu'elle consiste, au moins en partie, dans une série de perceptions subconscientes.

Si la diminution de conscience dans le sommeil et les illusions du rêve ne vont pas, en général, jusqu'à l'oubli de notre
personnalité, ce cas peut cependant se présenter exception-
nellement, surtout pendant la maladie. Mais le fait est au
moins douteux. Dans l'hallucination, au contraire, les phénomènes de ce genre sont nombreux, et c'est une forme de
la folie que de se croire tel ou tel personnage historique. Toutefois on peut se demander si l'halluciné croit réellement
être *un autre*, ou simplement exercer les fonctions, jouer
le rôle et porter le nom d'un autre. Cette hallucinée qui se
croyait reine de France et à qui on demandait : « Qui étiez-
vous, avant d'être la reine ? », répondit : « J'étais mar-
chande de poisson ». C'était en effet son état. Elle se souve-
nait de son état comme étant le sien ; si elle croyait avoir
changé de personne, elle pensait en même temps que c'était
elle-même, et non une autre, qui en avait changé. Ainsi
l'halluciné affirme sa personne en même temps qu'il la nie.
Il ne s'en dépouille jamais complètement ; et c'est une preuve nouvelle que la conscience du Moi est la forme de toute
pensée.

Cette conclusion est-elle contredite par d'autres faits ? On
a beaucoup parlé du dédoublement de la personnalité, observé dans certaines maladies nerveuses. Dans la névropa-
thie cérébro-cardiaque, les malades passent par deux états.
Dans leurs crises, ils se croient une autre personne ; l'état
normal revient, ils sont eux-mêmes ; la crise reparaît, et le
second personnage revient avec elle. « Il me semblait », disait un malade au docteur Krishaber, « que j'étais loin de
» moi..., que j'étais un autre... ; je détestais cet autre qui
» était venu prendre ma place. » Félida, dans sa maladie,
passait aussi par deux états ; elle perdait, dit-on, dans un de
ces deux états le souvenir de l'autre : n'est-ce pas, a-t-on
conclu, une perte complète de la conscience ?

On s'est trop hâté de tirer cette conclusion. D'abord, pour
le malade du docteur Krishaber (Voir une page célèbre de
M. Taine[1]) , il n'a jamais cru être un autre ; il avait bien
l'illusion d'être un autre, mais il déclarait « n'avoir jamais été

1. *Revue philosophique*, 1876.

dupe de cette illusion[1] ». Pour les autres exemples de double personnalité, les observations faites à ce sujet ne sont pas exemptes de lacunes ou même de contradictions. Un psychologue profond, M. Fonsegrive, a relevé ces contradictions au sujet de Félida[2] : « Le docteur Azam nous dit qu'elle a un
» carnet où, pendant ses états de condition seconde, elle ins-
» crit les choses dont elle veut se souvenir pendant ses états
» de condition première. Mais si, durant ces derniers états,
» elle a tout oublié de sa condition seconde, comment sait-
» elle qu'elle a pris des notes sur un carnet ? Dans l'état de
» condition seconde, la dame soignée par le docteur amé-
» ricain Mac-Nish sait que sa conscience a été interrompue ;
» elle trouve des lacunes dans sa mémoire, mais elle s'attri-
» bue ces oublis ; elle sait qu'elle a continuée de vivre pen-
» dant ces portions de sa vie qu'elle a oubliée. Malgré les
» apparences, il y a donc une continuité de vie, dont elle
» s'aperçoit véritablement. »

Ainsi la conscience de la personnalité ne disparaît jamais complètement tant que l'homme pense. Cette conscience est donc bien la forme de toute pensée. Les troubles organiques, la suspension ou la diminution de la liberté actuelle amènent le trouble, les contradictions de la conscience ; mais ici, comme dans le rêve, deux causes empêchent la suppression totale de la conscience ; ce sont : 1° le souvenir de notre liberté passée, 2° un certain reste de liberté dont le sentiment vague, confus, proteste contre les illusions des sens et de l'imagination. A tout degré d'activité intellectuelle correspond toujours un certain degré de conscience ; et les diminutions de conscience sont généralement proportionnelles aux éclipses de la volonté libre.

1. *Ibidem.*
2. Fonsegrive, *Psychologie.*

CONCLUSIONS MÉTAPHYSIQUES

CONCLUSIONS MÉTAPHYSIQUES

DE L'ORIGINE DES CHOSES PAR LA CONSCIENCE ET PAR LA LIBERTÉ

I

L'analyse de la connaissance humaine nous a montré la conscience comme un élément essentiel de la pensée, et la liberté comme une condition essentielle de la conscience. La liberté intervient même dans la perception du monde extérieur, puisque c'est grâce à elle que je peux échapper au pouvoir hallucinatoire de l'image cérébrale, c'est par elle que je peux poser la question du vrai et du faux. La liberté n'est donc pas seulement le postulat de la loi morale ; c'est encore le postulat de toute pensée, au moins de toute pensée réfléchie : son existence est liée à toutes les vérités qu'il nous est possible d'atteindre.

Il ne nous reste plus qu'à conclure de la liberté humaine à la liberté et à la personnalité divine ; et la conclusion s'impose nécessairement à l'esprit. D'où pourrais-je, en effet, tenir mon libre arbitre, si ce n'est d'une cause libre ? Une *nature* dont tous les actes seraient déterminés mécaniquement n'aurait jamais pu produire que des forces soumises à la détermination universelle. La liberté a été quelque part de toute éternité, ou elle n'a jamais apparu et n'existera jamais nulle part.

Mais, avant de me reposer dans cette claire vue de la vérité et dans la certitude d'avoir retrouvé Dieu par la conscience de ma liberté, dont lui seul peut être l'explication, ne faut-il pas m'assurer de nouveau que je ne suis pas dupe d'une illusion ? Sans doute, si ma liberté n'est qu'illusion, toute certitude morale, toute certitude même spéculative devient également illusoire ; mais enfin, il faudrait bien nous résigner à cette conclusion désespérante si le principe du déterminisme universel était, comme on le prétend souvent, une loi nécessaire de la raison, ou tout au moins une condition nécessaire de toute science. Il est donc indispensable d'examiner ce principe en lui-même, de chercher s'il possède le caractère d'évidence que tant de philosophes lui supposent, en le confondant avec le principe de causalité, ou s'il ne serait pas plutôt la négation même de la causalité.

Tout d'abord, on peut s'étonner de la témérité philosophique avec laquelle les déterministes, au lieu de s'en tenir aux conclusions de l'expérience, posent *a priori*, et à titre d'axiome nécessaire, de loi universelle, la formule de leur doctrine : *Tout phénomène est déterminé par la série des phénomènes antécédents*. S'ils se bornaient à donner cette formule pour une loi de la nature physique, constatée par l'expérience dans l'ordre des choses matérielles, étendue par l'induction à tout cet ordre de choses, il n'y aurait à leur faire, tout au plus, que des chicanes de mots ; en tous cas, cette loi du déterminisme, bornée à l'ordre de faits où l'expérience la constate, ne saurait en aucune façon s'étendre à la volonté humaine ; ni le moraliste ni le psychologue n'auraient à s'en préoccuper. Mais, au lieu d'une loi physique, on donne ce principe pour une loi métaphysique : on lui attribue, par conséquent, une extension infinie : c'est tout phénomène, de tout ordre et quel qu'il soit, c'est la résolution volontaire aussi bien que la chute des corps, c'est tout phénomène moral comme tout phénomène mécanique, dont on affirme *a priori* qu'il est « déterminé par la série des phénomènes antécédents ».

De quel droit pose-t-on *a priori* cette assertion ? Est-ce au nom du principe de causalité ? Mais le principe de causalité et le principe — absolument arbitraire — du déterminisme universel, n'ont rien de commun. D'après le principe de causalité, la production de tout phénomène exige l'action d'une cause, d'une force : il faut, par conséquent, que la cause dure encore au moment où l'effet se produit ; l'effet a lieu *pendant* que la cause agit, et non pas *après* qu'elle a cessé d'agir. Le choc reçu par l'enclume se produit *pendant* que le marteau frappe, et non *après* que le marteau a frappé. C'est juste le contraire qui serait vrai, si on admettait la formule du déterminisme : le phénomène antécédent A, que les déterministes regardent comme la cause efficiente du phénomène suivant B, n'existe plus lorsque ce second phénomène vient à se produire. Ainsi le phénomène B n'apparaît qu'une fois sa cause disparue. Le phénomène A, tant qu'il durait, était une cause sans effet ; le phénomène B est un effet qui n'a plus de cause et qui, pour se produire, a dû attendre l'anéantissement de sa cause. En un mot, d'après la loi de causalité, la production d'un phénomène suppose la *présence* d'une cause ; d'après le principe déterministe, le phénomène suppose l'*absence* de sa cause. Donc, non seulement ces deux principes n'ont rien de commun, mais l'un est la négation de l'autre : il faut choisir entre les deux ; et si l'on ne veut pas renoncer au principe de causalité, on doit chercher toute action causale dans le présent, non dans le passé, dans le temps même où l'effet a lieu, et non dans le temps qui précédait. Le passé, c'est-à-dire le néant, n'agit plus ; il n'a pas en lui-même d'action efficiente sur les phénomènes subséquents ; et il ne saurait en être la raison suffisante, le principe déterminant.

L'expérience, aussi bien que la raison, confirme cette conclusion. Si je monte un escalier, l'ascension de la douzième marche précède l'ascension de la treizième ; mais ce n'est pas ce douzième mouvement qui produit le treizième : la cause qui le produit, c'est ma volonté ; si j'avais cessé de vouloir après avoir monté la douzième marche, le treizième mouvement n'aurait pas eu lieu ; c'est donc bien dans une cause présente, et non dans un phénomène antérieur, qu'il faut chercher la cause déterminante du phénomène actuel. De même, si je fais chauffer de l'eau, elle passera par la température 98° avant d'arriver à 99° ; mais ce n'est pas la première température qui fait la seconde, c'est l'action permanente (et par conséquent présente) du fourneau. On pourrait multiplier les exemples à l'infini : partout on reconnaîtrait que l'état passé n'agit pas mécaniquement sur l'état actuel des choses. Entre chaque état des choses et l'état suivant il y a solution, non pas de continuité, mais de causalité.

Cette *solution de causalité* entre le phénomène passé et le phénomène présent rend la liberté possible. Il semble même, au premier abord, qu'elle introduise la liberté partout, même dans la nature. Il faut bien cependant admettre un certain déterminisme dans le monde physique. Comment concilier ces différentes vérités entre elles ?

Il suffit pour cela d'une distinction bien simple. Sans doute, l'état passé d'une chose n'a pas par soi-même et directement d'action efficiente sur l'état suivant ; mais, sans rétracter cette première vérité, on peut admettre que l'état passé peut influer indirectement et incomplètement sur le second état. Tout d'abord, il le rend possible ; il en est la condition, quoiqu'il n'en soit pas la cause efficiente. Ainsi, quand l'eau chauffe, la température 98° est la condition de possibilité qui doit être préalablement réalisée pour que l'eau passe ensuite à 99° : et cependant la première température n'est pas la cause efficiente de la seconde. Ainsi, le phénomène antérieur contient le phénomène subséquent en *puissance*, bien qu'il ne le contienne pas *en acte*, comme le supposent les déterministes.

Ce n'est pas tout. De ce qu'il y a solution de causalité entre le passé et le présent, il s'ensuit qu'il ne saurait nulle part y avoir d'obstacles positifs à la liberté. Mais cette absence d'obstacles ne constitue encore que la possibilité, et non la réalité, de la liberté ; cela ne suffit pas pour constituer les conditions positives de la liberté. Là où ces conditions ne se réalisent pas, la liberté n'existera pas ; seulement cette absence de la liberté proviendra, non plus de causes *efficientes*, comme croient les déterministes, mais de causes *déficientes*.

Les conditions positives de la liberté sont la conscience

et la connaissance des actes possibles qui peuvent servir de matière à notre libre choix. Ce sont donc des conditions intellectuelles. Elles manquent absolument à la matière ; donc la liberté sera toujours impossible dans le monde physique. Elles peuvent manquer par accident à l'âme humaine, comme dans les actes inconscients, dans certaines circonstances où je ne sais ni ce que je puis faire ni quels sont les motifs pour faire une chose plutôt qu'une autre. En ce cas, ma liberté se trouve, par accident, dans l'impuissance de se manifester.

L'*inconscience* de la matière est la raison unique de l'*inertie*, et c'est par l'inertie que le déterminisme pénètre dans le monde physique. D'où vient que les forces matérielles, dont l'énergie latente est capable de changer la direction des corps qu'elles viennent à heurter, sont incapables de modifier leur propre direction ? C'est qu'elles n'ont pas conscience de ce qu'elles sont ; or, sans conscience, point de pensée, point de représentation possible. Incapables de se représenter les différents états qu'elles seraient susceptibles de recevoir, les différentes directions qu'elles pourraient suivre, elles ne peuvent choisir un de ces états de préférence à un autre. Elles resteront donc indéfiniment dans l'état où elles se trouvent, à moins d'une action exercée sur elles par une force extérieure. Sont-elles en repos, elles y restent ; sont-elles en mouvement, elles ne changeront ni leur vitesse ni leur direction : donc elles ne s'arrêteront pas d'elles-mêmes ; car un arrêt suppose un choc imprimé en sens inverse. En un mot, elles sont *inertes*, et cette inertie vient de ce qu'elles ne sauraient choisir parmi tous les changements possibles, puisqu'elles n'en ont aucune idée.

Cette inertie s'explique donc bien par une cause déficiente ; elle est le minimum de l'activité. Mais, en même temps, cette impossibilité de changer par soi-même établit entre les états successifs des forces matérielles une identité qui permet de calculer d'avance les uns par les autres. Le passé et le présent influeront de cette façon sur l'avenir, puisque l'avenir n'est que la prolongation uniforme des phénomènes précédents : ou plutôt, le présent et l'avenir ne sont que du *passé stable*. Mais cette prolongation des phénomènes passés n'est due qu'à l'impuissance où la matière est de choisir, et nullement à une contrainte exercée par les phénomènes antérieurs sur les phénomènes suivants ; et cette impuissance n'est elle-même que l'inconscience.

Ainsi la liberté n'est pas partout ; il s'en faut de beaucoup. Mais, là où elle est absente, ce n'est pas qu'elle soit impossible ; ce n'est pas qu'elle soit comme enchaînée dans la série des phénomènes consécutifs ; c'est uniquement parce que ses conditions *intellectuelles* manquent. Le déterminisme n'est pas la loi universelle des choses : il n'a lieu que dans certaines circonstances, certaines conditions inférieures d'activité ; il n'existe que *par défaut*. Comment donc irions-nous transporter cette loi partielle à toutes choses, cette loi de l'activité inférieure à l'activité supérieure ? Puisque l'absence de liberté n'est explicable que par l'absence de ses conditions intellectuelles, comment refuser la liberté aux êtres intelligents ? Quand même nous ne saisirions pas en nous par l'expérience le fait du libre arbitre, on pourrait conclure *a priori* que ce fait existe, puisque les conditions négatives qui seules rendent le déterminisme possible, à savoir l'*inconscience* et l'*irréflexion*, ne se trouvent pas dans l'intelligence humaine, ou du moins ne s'y rencontrent que par accident.

Mais, dira-t-on, si toute force consciente est essentiellement libre, tous les actes de l'homme devraient être l'œuvre de la liberté. — Nullement. En effet, pour qu'un acte soit libre, il faut deux conditions : 1° que le sujet qui l'accomplit ait le pouvoir de choisir librement ; 2° que dans le cas actuel il y ait matière à choisir. Si la seconde condition manque, je ne perds pas mon libre arbitre, mais je ne l'exerce pas. Si je n'ai pas songé qu'il y eût deux ou plusieurs moyens pour atteindre un but, il est clair que je prendrai nécessairement le seul moyen dont l'idée m'est venue. C'est la matière du choix qui fait défaut, non le pouvoir de choisir.

Il en est de même dans le cas où tous les motifs auxquels je pense me sollicitent à faire une chose, et où par conséquent je n'ai aucun motif pour ne pas la faire. Quelle matière pouvait servir à exercer mon choix ? On ne choisit pas entre quelque chose et rien. Ma liberté est donc souvent hors d'état d'agir ; mais c'est toujours faute de conditions. Ainsi nous sommes encore ramenés à l'explication par des causes déficientes : dans le cas actuel, c'est l'ignorance des moyens ou l'ignorance de certains motifs auxquels je ne songe pas. De même que l'absence de liberté dans la matière tient à l'absence d'intelligence, toute diminution ou toute éclipse temporaire de la liberté, chez l'homme, tient à un *déficit* intellectuel. Lorsque ce déficit devient considérable, comme dans la folie, dans le rêve, ma liberté est suspendue aussi longtemps que durera l'éclipse intellectuelle. La connaissance et la liberté sont partout proportionnelles, et en raison directe.

En résumé, il semble que l'on pourrait dire de la détermination ce que l'on a dit du mal : c'est quelque chose de négatif, de *privatif* : et c'est pour cela que le déterminisme, dans les limites du domaine où nous devons reconnaître son existence, ne s'explique, nous l'avons vu, que par des causes *déficientes*. Le déterminisme n'est donc bien, en définitive, que la loi de l'activité inférieure. Comment donc la Cause première du monde ne serait-elle pas libre, et libre d'une *liberté infinie* ?

Le déterminisme n'étant pas autre chose que l'inertie, et l'inertie n'étant qu'une privation, une cause déficiente, il s'ensuit que le déterminisme n'expliquera jamais ce qu'il y a de positif dans la matière, et qu'il en faut chercher la cause dans une activité sans bornes, dans une activité libre. Or, ce qu'il y a de positif, c'est le mouvement, c'est surtout la cause du mouvement, la force.

II

L'impossibilité d'expliquer le mouvement de la matière inerte sans l'intervention d'un premier moteur avait déjà frappé l'esprit rigoureux d'Aristote ; et depuis Aristote cette preuve n'a rien perdu de sa rigueur. Le dynamisme de Leibnitz et de la science moderne n'infirme en rien cette démonstration. Sans doute, la matière est douée de forces ; ces forces sont en elles-mêmes capables de mouvements ;

mais elles ne sont capables de transmettre que des mouvements reçus d'ailleurs. Elles ont en elles tous les mouvements en puissance ; mais le passage à l'acte, à tel acte déterminé, ne peut se faire en elles qu'avec l'aide et l'assistance d'une cause extérieure. A quelque moment que nous considérions un système de forces, son état actuel n'existe que par accident. Si donc chacun des états du monde, considéré séparément, est accidentel, la totalité est également accidentelle et contingente : car le total ne diffère de ses parties que par la quantité, mais non par la qualité. Par conséquent, la nature est contingente et ne peut être que l'œuvre d'un choix libre.

A cette preuve de la contingence du monde fondée sur l'inertie, et par conséquent sur la nécessité d'un premier moteur, on pourrait en ajouter une autre fondée sur un autre attribut essentiel de la matière, à savoir l'étendue. Sans doute, l'étendue n'est pas, comme le veut Descartes, l'unique propriété de la matière, mais enfin c'est une de ses principales propriétés. On admet, sans doute, et avec raison, que cette étendue n'est que la pluralité des forces et la relation des distances entre ces forces : or c'est précisément cette relation de distance qui est absolument inexplicable sans le libre choix d'une Intelligence ordonnatrice, nous dirons même *créatrice*.

Considérons, en effet, trois points matériels A, B, C (situés, si l'on veut, dans un bloc de pierre) : il y a une certaine distance entre A et B, entre A et C, entre C et B ; qui a déterminé ces distances ? pourquoi ne sont-elles pas plus longues ou plus courtes ? qui a fixé la place de chacun de ces trois atomes ? Dira-t-on que ces atomes se touchent rigoureusement, que tout est plein et que la place de chacun a été déterminée par la pression du plein ? Mais l'hypothèse du plein n'est plus soutenable aujourd'hui. Si tout était plein, tout mouvement devrait se communiquer instantanément : or cela n'est pas. Si les atomes de la matière éthérée, dont les vibrations produisent la lumière, n'étaient pas séparés entre eux par des intervalles de vide absolu, comment se ferait-il que la lumière d'une étoile mît des années pour parvenir à nos yeux ? D'ailleurs, si les atomes se touchaient, comment s'expliquerait l'élasticité des corps ? Enfin, si on admet le plein, il faudra supposer que le nombre des atomes est infini : or, on sait qu'un nombre infini est un pur idéal mathématique, qui ne saurait se réaliser, puisque, de sa nature, la quantité est une série de grandeurs finies [1].

Il est donc nécessaire d'admettre, avec Newton, Ampère, Cauchy, que les particules élémentaires de la matière sont disséminées dans l'espace et séparées par des intervalles vides. Qui donc a fixé la grandeur de ces intervalles ? Qui a placé les atomes A, B, C, à telle place, à telle distance plutôt qu'à telle autre ? Qui a déterminé le nombre des points de l'espace qui seraient pleins et le nombre des points qui seraient vides ? Il est impossible d'expliquer ces distances, ces pleins, ces vides, par une *nécessité métaphysique*, car toutes ces distances peuvent changer ; les atomes sont susceptibles d'être rapprochés ou éloignés.

Il est également impossible d'avoir recours à une explication purement physique. Dira-t-on, par exemple, que les relations primitives de distance entre les atomes ont été déterminées par l'attraction ? Mais c'est un cercle vicieux ; car l'attraction agit en raison inverse du carré des distances ; donc certaines relations de distance ont dû précéder toute action de l'attraction. Invoquera-t-on la force de répulsion ? Mais la répulsion, elle aussi, dépend, quant à son intensité, de la distance. Reste une seule explication qui ne soit pas contradictoire, l'explication par un choix libre.

Ainsi la liberté nous apparaît, non seulement dans l'origine du mouvement, mais dans la constitution même de l'étendue. Or l'univers n'a pu exister avant d'être étendu, avant que ses diverses parties eussent reçu chacune une place dans l'espace, et avant l'établissement de certaines relations de distance. Donc le monde a reçu en même temps l'existence et l'étendue ; et comme la libre volonté de Dieu peut seule avoir déterminé son étendue, cette même volonté lui

---

1. Sur l'impossibilité du *nombre infini actuellement réalisé,* voir Cauchy, *Physique générale.* Il en conclut à *l'impossibilité* du plein.

a du même coup donné l'être : elle l'a créé, au sens rigoureux du mot.

III

Bien que la raison de Dieu surpasse infiniment celle de l'homme, cependant les vérités que possède la raison humaine sont *a fortiori* dans celle de Dieu.

Les notions qui constituent la raison se ramènent toutes à l'idée d'*infini* et aux concepts de la catégorie de *modalité* (*possible, impossible, être et non-être, contingent et nécessaire*).

Or Dieu peut-il concevoir l'infini sans se penser lui-même ? Peut-il concevoir le nécessaire sans se connaître, puisque lui seul est nécessaire ? Quelle notion a-t-il du possible, du contingent, s'il ne le conçoit comme soumis à certaines conditions de réalité ? Et ces conditions, peut-il les connaître sans savoir que lui seul constitue, en les pensant, leur possibilité ; que lui seul réalise, en les voulant, leurs conditions d'existence ? Donc, en lui *la raison est identique à la conscience*.

Aux concepts de modalité correspondent des jugements *a priori* qui constituent les premiers principes, les lois nécessaires de la raison. Le principe de contradiction correspond au concept de *possibilité* ; sous la forme la plus simple, on peut l'énoncer ainsi : « tout ce qui implique contradiction est impossible en soi ». Mais qu'est-ce que le *contradictoire* ? C'est ce qui répugne à toute pensée, à toute cause intelligente. Le principe revient donc rigoureusement à cette autre formule : « *ce qui répugne à l'intelligence répugne à l'être* » ; ou encore : « la *condition absolue de possibilité est la conformité aux lois de la raison* ». N'est-ce pas affirmer l'*Intelligence* comme le premier principe des possibilités ? N'est-ce pas affirmer, avec Platon et Leibnitz, que les possibilités sont l'*objet*, sont les *idées* de la Pensée créatrice.

Au concept de contingence correspond le principe de *causalité*, au nom duquel nous affirmons que tout phénomène, c'est-à-dire toute chose contingente, est subordonnée, conditionnée. Mais à quoi le contingent peut-il être subordonné? A une autre cause contigente? Ce n'est que reculer la difficulté. En dernière analyse, il faut remonter à une *cause première*, nécessaire quant à son existence (sans quoi il faudrait expliquer son être) et libre quant à son action (sans quoi son effet ne serait pas contingent). Dieu seul, le Dieu libre et personnel, est cette cause première: ainsi le principe de causalité revient à dire : « *tout dépend de Dieu* ». En pensant ce principe, Dieu pense sa toute-puissance.

Mais ce principe ne serait-il qu'une loi subjective de la raison humaine étrangère à la raison de Dieu? Kant a soulevé ce doute ; et il se fonde sur ce que, d'après lui, le principe de causalité serait un jugement *synthétique a priori*.

Comme tel, Kant conteste son objectivité. Étant *synthétique*, il a besoin d'être vérifié par l'expérience ; mais comme il est *a priori*, cette vérification est impossible. Tout le scepticisme transcendental est fondé sur cette théorie des jugements *synthétiques a priori*.

On pourrait, sans doute, accepter ce caractère synthétique sans accepter les conclusions que Kant en déduit. Mais le principe de causalité est-il réellement synthétique ? Est-il impossible de le ramener à un jugement analytique[1] ?

Pour résoudre la question, posons d'abord ce principe sous sa forme la plus ordinaire: « tout phénomène suppose une cause, c'est-à-dire *dépend* d'une cause, et ne saurait se produire si cette cause n'intervenait ». Le problème revient donc à chercher si le premier terme de la proposition, le terme « *phénomène* », implique en lui-même le second terme, c'est-à-dire l'idée de la *dépendance*, de la *subordination* par rapport à une *cause*. Analysons donc le concept de *phénomène*. C'est le concept d'un fait, d'un changement qui se produit *dans le temps* ; c'est un fait qui n'a pas toujours été et qui se produit à un moment donné ; par conséquent, c'est un fait qui est également capable d'être et de ne pas

---

1. Cet essai de réduction du principe de causalité à un jugement analytique ne se trouvait pas dans le manuscrit soumis au jugement de l'académie. Il en est de même du dernier paragraphe sur le problème du mal.

être ; c'est ce qui est non par essence, mais par accident. En un mot, le phénomène, c'est le *contingent*.

Cette identité une fois posée entre les deux termes *phénomène* et *contingent*, analysons l'idée de contingence. Ce qui possède en soi toutes les conditions requises pour l'existence réelle est *nécessaire* ; ce qui ne possède pas en soi ces conditions, et ne saurait les recevoir d'ailleurs, est *impossible*. Le contingent, étant comme un milieu entre le *nécessaire* et l'*impossible*, devra donc se définir ainsi : « *ce qui ne possède pas en soi toutes les conditions requises pour être réalisé, et qui pourtant est susceptible de les acquérir* ». Mais si le *contingent* peut acquérir les conditions de réalité (que par définition il n'a pas en soi et par soi), il ne peut les trouver que hors de soi, c'est-à-dire grâce au concours de quelque réalité extérieure. En d'autres termes, le contingent ne peut passer à l'être qu'avec l'aide d'une force *supplémentaire* qui lui ajoute ce qui lui manquait.

Cette force qui vient supplémenter, combler le *déficit* dans les conditions de réalité, et qui fait ainsi passer le phénomène à l'acte, c'est ce que nous appelons *cause*. Ainsi, quand je dis : « Un phénomène a besoin d'une cause pour pouvoir exister, » la proposition revient à dire : « Si pour que x « égale y il manque quelque chose, cette égalité ne peut se « produire qu'à condition d'ajouter à x la différence qui lui « manque. » Il est clair que c'est là un jugement *analytique* : or, dans le cas actuel, x égale le *possible* ; y égale le passage à l'acte : le second terme est le premier plus quelque chose. Cette différence qui manque au *possible* pour devenir *réel*, le possible ne la prend pas en soi, puisqu'il ne l'a pas ; or, par hypothèse, il la trouve, puisqu'il passe à l'acte ; donc il la trouve ailleurs, l'emprunte d'une source étrangère ; et c'est la cause qui est le prêteur. Si c'est un jugement analytique de dire qu'un emprunteur suppose un prêteur, c'est également une proposition analytique de dire qu' « un phénomène suppose une cause [1] ».

---

1. Toutefois, si le jugement de causalité est analytique par sa *forme*, sa *matière*, qui est le phénomène, est une donnée synthétique fournie *a posteriori* par l'expérience.

Il n'y a donc pas de motif de contester, avec Kant, l'objectivité du principe de causalité. C'est une loi de toute raison, et par conséquent une loi de la Raison infinie. En le pensant, en concevant les rapports des causes et des effets, Dieu pense-t-il autre chose que l'affirmation de la dépendance où tous les phénomènes sont par rapport à lui ? Ainsi la connaissance des principes de la raison est, en Dieu, la connaissance de Lui-même. *La raison est la conscience de Dieu.*

IV

Mais voici une difficulté. Si en Dieu la raison est identique à la conscience, comment la raison divine peut-elle contenir le concept de contingent ? Comment connaît-elle le fini, la limitation, qui sont étrangers à Dieu ? Il ne trouve en lui que le parfait, le nécessaire : s'il ne connaît rien qu'à sa ressemblance, nous serons amenés à dire, avec Aristote, qu'il ne connaît pas son œuvre. Ou bien le contingent est en Dieu, ce qui implique contradiction, ou bien Dieu connaît ce qui n'a aucun rapport avec lui.

A cette objection on peut répondre que l'infinité suppose l'omnipotence. L'omnipotence suppose à son tour la liberté. Or la matière de la liberté, l'objet sur lequel peut s'exercer son choix ne saurait être que le contingent. Donc la conscience de la liberté qui est en lui suppose et renferme la conscience du contingent qui n'est pas lui, mais qui est son œuvre, qui est par lui. Ainsi, pour Dieu comme pour l'homme, la conscience du moi implique la conscience d'un non-moi. Il y a toutefois cette différence capitale que, par rapport à l'homme, le non-moi est un *obstacle*, une limite opposée au moi ; au contraire, par rapport à Dieu, le non-moi, c'est-à-dire le monde, est la matière qui exerce et manifeste sa toute-puissance et *ne la limite en aucune manière.*

Ainsi le monde *réel* n'est pas Dieu, n'est pas en Dieu, comme le suppose le panthéisme ; mais le monde *idéal* est en Dieu ; ses conditions de réalité sont en Dieu de toute éternité, puisque ces conditions sont la Pensée divine qui rend le monde possible en le concevant, la Volonté divine qui a le pouvoir de le créer en le voulant.

C'est là le véritable sens de la théorie platonicienne des *Idées.* Le *Logos* est Dieu ; le monde n'est pas Dieu ; mais le *Logos* est le lien de Dieu et du monde, parce qu'il pense le monde. C'est de cette divine Intelligence, en tant qu'elle a conscience de son œuvre, que parle la Bible sous le nom sublime qu'elle lui donne, la *Sagesse* ! « C'est par elle que Dieu
» a préparé la terre de toute éternité. Il a fait vibrer la lu-
» mière, et elle a éclairé le monde ; il l'a appelée, et elle
» a obéi en tremblant. Et les étoiles ont donné leur lumière
» dans leurs profondes retraites, et elles se sont réjouies.
» La Sagesse les a appelées, et elles ont dit : Nous voici !
» Et elles ont brillé devant Celui qui les a tirées du néant [1].

Ce qui fera éternellement la supériorité de la doctrine chrétienne sur tout système naturaliste ou panthéiste, c'est qu'elle explique mieux que toute autre les rapports du fini et de l'Infini. La doctrine naturaliste n'explique pas le fini, puisque, en niant l'Infini, ou en le laissant dans la région de l'inconnaissable, elle n'assigne au contingent aucune cause, aucune raison suffisante ; elle est réduite à expliquer le supérieur par l'inférieur, le plus par le moins. La philosophie panthéiste, en confondant le fini et l'Infini, détruit par là un des deux termes du rapport, et par conséquent le rapport lui-même qu'il s'agit d'expliquer. Pour la doctrine chrétienne, *tout en maintenant la distinction essentielle des deux termes*, que l'on ne saurait identifier sans contradiction, *elle les rapproche autant qu'il est possible de le faire sans les confondre.* Les systèmes qui repoussent, comme surannée, cette conception chrétienne de Dieu et du monde, ont-ils mieux réussi à résoudre le problème de l'origine des choses ? Et n'ont-ils pas remplacé des mystères par de manifestes contradictions ?

1. Baruch, III, v. 33-38.

IV

Puisque l'univers ne peut résulter que d'une cause libre et consciente; le choix de cette cause, si libre qu'il soit, suppose un motif. Or une volonté, même imparfaite, ne peut avoir pour motif que le bien ou l'apparence du bien ; une volonté parfaitement intelligente ne saurait donc agir qu'en vue du vrai bien. Le bien est la seule raison d'être de l'existence du monde. Le monde est bon, et sans aller jusqu'à dire, avec Leibnitz, qu'il est « le meilleur possible », son existence, même tel qu'il est, est meilleure que sa non-existence. La Volonté divine avait donc une raison de l'appeler à l'être ; telle est la conclusion qui se dégage *a priori* de la croyance au Dieu personnel et conscient. Mais comment la concilier avec le mal qui est dans le monde ? L'athéisme et la doctrine d'une cause première inconsciente triomphent de cette objection, et, depuis Epicure, nous demandent comment nous expliquons le mal.

Il est vrai qu'à notre tour nous pouvons leur objecter qu'ils n'expliquent pas le bien, ce qui est un défaut bien autrement grave, un défaut capital pour un système ; car le désordre peut à la rigueur s'expliquer par une cause déficiente, ou tout au moins par l'imperfection inhérente aux causes créées ; tandis que l'ordre demande une cause positive, une cause parfaite. Mais il reste encore à chercher pourquoi la cause parfaite n'a pas atténué, annulé, par un acte de sa volonté, tout ce qu'il y avait de mauvais dans les résultats produits par l'activité imparfaite des créatures : en un mot, pourquoi Dieu a permis qu'une certaine part de mal fût mêlée au bien. Cette part de mal est-elle la condition même du bien ? Par ce mot *bien* nous entendons le bien moral, qui est le plus excellent de tous. Faut-il admettre, comme Leibnitz paraît le penser, que s'il y avait non seulement moins de souffrance, mais moins de mal moral dans le monde, il y aurait également une moindre somme de vertu, et que la réalisation du mal était la condition métaphysique, la condition essentielle et *sine qua non* du bien moral ?

Une telle solution, si elle était absolument vraie, justifierait la Providence, mais au prix d'une double contradiction : il ne saurait se faire que le mal fût nécessaire, même conditionnellement, à l'existence du bien. De plus, le mal moral, étant l'œuvre de la liberté, exclut par là toute idée de nécessité.

Cependant, n'y a-t-il pas une part de vérité dans la doctrine de Leibnitz ? S'il est faux de dire que la *réalité* du mal était une condition du bien, n'est-il pas vrai que la *possibilité* du mal était une condition du plus grand bien, du seul bien digne absolument de ce nom, à savoir du bien moral ? En effet, le bien moral n'est possible que par la liberté ; mais la liberté, par définition même, implique le choix entre le bien et le mal, et la possibilité, par conséquent, de choisir le mal. Il fallait donc que le mal fût possible pour que « *le sujet de la loi morale* », comme s'exprime Kant, pût exister dans l'univers. Dieu, qui a voulu appeler à l'existence cet être moral, a constitué, en créant la liberté, la possibilité du mal. Mais eût-il mieux valu, eût-il été plus digne de Dieu que l'homme n'existât pas, ou qu'il eût été semblable aux animaux, aux insensés, aux hallucinés, et que le mal moral devînt ainsi impossible ? A ceux qui seraient tentés de soutenir cette thèse il y aurait une proposition à faire : si Dieu leur offrait de leur enlever leur libre arbitre, de les rendre irresponsables, y consentiraient-ils ? Et s'ils n'y consentaient pas, la Providence ne serait-elle pas justifiée par leur propre aveu ?

Dieu n'a donc manqué ni à sa bonté ni à sa justice en constituant, avec la liberté, la possibilité du mal. Quant à la réalité du mal, l'homme seul en est l'auteur, par le mauvais usage qu'il fait de sa liberté. Pour le mal moral, cela est évident ; pour le mal physique, n'est-il pas la conséquence naturelle, l'effet du mal moral, de sorte que, si le mal moral n'avait jamais été, la souffrance ne serait pas entrée dans le monde ? Aux yeux du chrétien, c'est là un article de foi ; mais, abstraction faite de la révélation religieuse, n'est-ce pas déjà une conjecture vraisemblable ? D'abord, si l'homme n'eût jamais mal usé de sa liberté, il y a toute une classe de souffrances — la plus vaste peut-être — qui n'existerait pas : ce sont les chagrins, les angoisses, les sentiments de révolte et de désespoir, qui résultent de la méchanceté, de l'injustice, de l'ingratitude, de l'égoïsme des hommes. Quel séjour de bonheur que la terre, si ces tortures morales étaient abolies !

Resteraient encore, il est vrai, les maladies, les douleurs physiques, la pauvreté, la mort. Mais la mort ne serait pas un mal, si l'homme n'avait fait que le bien toute sa vie ; elle ne pourrait être que le bonheur et l'immortalité. Quant aux maladies, il faut défalquer d'abord toutes celles qui résultent directement ou indirectement de nos fautes, de nos passions, de nos imprudences volontaires ; ensuite toutes celles qui résultent, par hérédité, des fautes ou des passions des nombreuses générations qui nous ont précédés sur la terre.

Par ces mots de *fautes*, de *passions* coupables, nous n'entendons pas seulement celles qui se rapportent à l'intempérance. Il y a aussi les passions irascibles, la colère, la haine, l'exaltation, qui produisent tant de désordres dans les battements du cœur, tant de coups violents dans le cerveau. L'homme qui s'y laisse aller crée en lui et transmet à ses descendants une grande excitabilité cérébrale. Cette excitabilité a pour effet d'augmenter la sensibilité à la douleur physique : on sait que les gens nerveux souffrent beaucoup plus que les autres ; telle opération peu grave, qui ne sera qu'un désagrément, une douleur très supportable pour un homme fort et maître de ses nerfs, sera parfois pour une personne nerveuse une torture véritable. Ainsi, non seulement le nombre des maladies, mais l'intensité des douleurs causées par la maladie ou par le remède, serait beaucoup moindre, si l'homme avait toujours bien usé de son libre arbitre. Peut-être ne resterait-il que la somme de douleurs nécessaire pour faire ressortir, par contraste, le plaisir de l'activité organique exercée d'une façon normale. Peu de douleurs, et beaucoup de force pour les supporter : tel serait, semble-t-il, le lot du genre humain. Or, dans ces conditions, la douleur physique est souvent une jouissance morale.

En définitive, la souffrance a deux principaux facteurs : 1º le mal moral, 2º la loi d'hérédité. La première de ces deux causes, nous ne pouvons la faire remonter jusqu'à Dieu, puisqu'il n'a voulu que la possibilité, non la réalité du mal moral, et qu'il a bien fait de vouloir cette possibilité. Pour la seconde, la loi d'hérédité, Dieu aurait pu, sans doute, en neutraliser les effets et supprimer ainsi la plus grande partie de nos souffrances. Mais, s'il ne l'a pas fait, c'est que la douleur, qui a sa cause efficiente dans le mal moral, a sa raison d'être soit comme réparation ou comme compensation de ce même mal moral, soit comme occasion de certaines vertus sublimes qui n'existeraient pas sans la douleur, comme le courage, le dévouement.

Est-ce peu de chose que cette force d'âme qui nous fait non seulement braver la douleur, mais accepter la douleur pour l'épargner aux autres ? Par où l'homme imparfait peut-il mieux se montrer digne de son Créateur ? Et pourquoi admirons-nous tant l'héroïsme, c'est-à-dire le mépris de la douleur ? pourquoi méprisons-nous la lâcheté, c'est-à-dire la crainte de la douleur ? N'est-ce pas parce que nous sentons instinctivement que la douleur n'est pas le souverain mal ? Si elle était le souverain mal, celui qui la craint serait le vrai sage, celui qui la brave ne serait qu'un fou ou un fanatique. Ne reprochons donc pas à la Providence d'avoir permis un mal que les âmes fortes savent faire servir à un plus grand bien. Sans aller jusqu'à dire, avec les stoïciens, que la douleur n'est pas un mal, reconnaissons qu'elle est un mal utile, utile parce qu'elle répare le mal moral, utile parce qu'elle donne occasion à l'homme de s'élever au plus haut degré de grandeur morale.

Ajoutons que, si la souffrance est utile à l'individu, elle est utile aussi à la société, comme condition du progrès. Le progrès a pour facteurs le travail et l'intelligence. Or quel meilleur stimulant du travail que la crainte de manquer, la lutte incessante contre la douleur ? Quel meilleur stimulant de l'intelligence que « Nécessité l'ingénieuse », cette mère de toutes les inventions ? Sans l'antagonisme de l'homme contre la nature, qui ne lui donne rien que par contrainte et qui le menace de mille dangers si sa vigilance s'endort, l'inertie, l'oisiveté, et par suite le vice, son compagnon né-

cessaire, règneraient presque sans partage sur la terre. C'est
là le sens profondément philosophique de ce touchant passage des *Géorgiques* sur l'invention des arts. Tandis que
Lucrèce reproche amèrement à la nature de faire payer chè-
rement ses dons aux infortunés mortels, de les contraindre
aux durs travaux des champs, de les exposer au chaud, au
froid, Virgile, plus philosophe, voit dans cette nécessité de
travailler, dans la difficulté vaincue, l'honneur de l'humanité.

>   . . . . . Pater ipse colendi
> Haud facilem esse viam voluit, primusque per artem
> Movit agros, *curis acuens mortalia corda,*
> Nec torpere gravi passus sua regna veterno.
> . . . .
> Tum variæ venere artes. Labor omnia vicit
> Improbus, et *duris urgens in rebus egestas* [1].

Enfin, si ces biens immenses que l'homme doit à la douleur, si sa valeur personnelle augmentée, si la société humaine poussée dans la voie du progrès indéfini et marchant,
par la science comme par le travail, à la conquête de la nature, si tout cela nous semble encore un prix trop faible pour
compenser nos souffrances, il reste une dernière compensation, et celle-là infinie, dans la vie future. — Simple espérance, dira le sceptique ! — Certitude, répondrons-nous, si
Dieu existe ; et s'il n'existe pas, il n'y a plus de certitude ni
en morale, ni dans les sciences, ni dans quoi que ce soit.

Il reste pourtant une dernière objection. La douleur, pour
l'homme, peut avoir sa raison d'être ; mais chez l'animal,
comment la justifier ? L'animal n'a pas de fautes à expier,
de mérite moral à acquérir ; la souffrance semble donc, chez
lui, un véritable désordre : et cependant beaucoup meurent
de mort violente, dévorés par d'autres animaux. Ces scènes
de carnage que nous offre l'univers ne donnent-elles pas
raison aux pessimistes ? Il est vrai, quelques philosophes
ont pensé que l'animal ne souffrait pas et que cette « machine » n'avait que l'apparence de la sensibilité ; mais ce
n'est pas soutenable ; une telle doctrine, d'ailleurs, si par

1. Virgile, *Géorgiques*, I, v. 122-145.

malheur elle prévalait, détruirait chez l'homme toute pitié pour les animaux ? Comment échapper à cette difficulté ?

Sans nier la sensibilité chez les animaux, comme le faisait Descartes, on peut admettre avec vraisemblance l'hypothèse émise par Livingstone, et dont il a été question plus haut. D'après lui, la stupeur produite sur la victime par la vue de l'animal prêt à la dévorer aurait pour effet de suspendre la sensibilité. Il n'y a rien d'impossible à ce qu'une violente commotion nerveuse produise cette perte momentanée de la sensation ; et l'expérience faite sur lui-même par l'illustre voyageur, au moment où il voyait, *sans rien sentir*, les griffes du lion enfoncées dans ses chairs, ne peut guère s'expliquer si ce n'est comme un cas particulier d'une loi générale.

Cette loi générale *d'anesthésie à l'heure de la mort*, ne s'appliquerait pas, bien entendu, à toute mort violente, mais seulement au genre de mort violente le plus répandu dans la nature, le seul que les animaux auraient à craindre si l'homme, lui aussi, ne versait pas leur sang. Faut-il en conclure que l'homme n'a pas le droit de les tuer ? Les Pythagoriciens n'ont pu faire prévaloir ce dogme rigoriste ; mais, ce qui est évident, c'est que l'homme doit abréger le plus possible la souffrance de sa victime. Si l'animal n'a pas eu le temps de prévoir sa mort, s'il a le temps à peine de la sentir quand elle lui vient subitement de la main de l'homme, s'il ne la sent pas du tout quand il est la proie des autres animaux, à quoi se réduit pour lui la souffrance ? Les maladies, chez lui, se manifestent plus souvent par la langueur que par des signes de douleur aiguë ; les blessures accidentelles sont rares. Ainsi la douleur ne tient que très peu de place dans sa vie, sauf le cas où l'homme le torture ; le plaisir, au contraire, y tient une très grande place ; et, si le plaisir constituait le bonheur, l'oie de Montaigne raisonnerait fort bien, quand elle se félicite de sa condition et remercie le destin d'être une oie plutôt qu'un homme.

En résumé, Dieu a fait l'animal pour le bien-être, l'homme pour la vertu et, par suite, pour le bonheur. Tout a été bien ordonné en vue de ces fins, et tout ce qui a dérogé à cet ordre n'est que l'effet de la liberté humaine mal exercée.

TABLE DES MATIÈRES

Imp. G. Saint-Aubin et Thevenot, St-Dizier. 30, passage Verdeau, Paris.